I0103066

# BIBLIOTHÈQUE DES PROFESSIONS
## INDUSTRIELLES, COMMERCIALES, AGRICOLES ET LIBÉRALES

LES

# ASSURANCES

## L'ART DE S'ASSURER
### CONTRE LES

# ACCIDENTS DU TRAVAIL

PAR

### ARSÈNE PETIT

AVOCAT A LA COUR D'APPEL DE PARIS, OFFICIER DE L'INSTRUCTION PUBLIQUE

La vérité, oui, toute la vérité, sur les assurances; — la vérité sur les droits et les
devoirs respectifs des assureurs et des
assurés : 1° au moment où se fait le contrat d'assurance; 2° au cours de l'assurance; 3° après un sinistre; — voilà
d'abord, voilà surtout ce que l'on devrait
bien connaître avant de s'assurer, et (qui
le croirait !) c'est ce qu'on ignore le plus.
(Un vieil inspecteur d'assurances.)

Économie
domestique

Série I
N° 8

## PARIS
## J. HETZEL ET Cie, ÉDITEURS
### 18, RUE JACOB, 18

# BIBLIOTHÈQUE DES PROFESSIONS

### INDUSTRIELLES, COMMERCIALES, AGRICOLES ET LIBÉRALES

---

## SÉRIE I

ÉCONOMIE DOMESTIQUE

---

### N° 8

# OUVRAGES DU MÊME AUTEUR

## LIBRAIRIE J. HETZEL ET Cie

L'Art de s'assurer contre l'incendie, 3e édition.
Prix............................................. 2 fr.

L'Art de s'assurer sur la vie, 2e édition. Prix.... 2 fr.

L'Art de s'assurer contre les accidents du travail. Prix..................................... 2 fr.

La Grammaire de la ponctuation, 3e édition. Prix. 3 fr.

La Grammaire de la lecture à haute voix,
3e édition. Prix.............................. 3 fr.

La Grammaire de l'art d'écrire, 2e édition. Prix. 3 fr.

### SOUS PRESSE :

L'Art de s'assurer contre les accidents éprouvés ou
causés : 1° par les cochers, conducteurs ou palefreniers ; 2° et
par les chevaux ou voitures.

Les Testaments faits sans notaire.

L'Avocat-conseil, au coin du feu.

TYPOGRAPHIE FIRMIN-DIDOT ET Cie. — MESNIL (EURE). — 6321.

BIBLIOTHÈQUE DES PROFESSIONS
INDUSTRIELLES, COMMERCIALES, AGRICOLES ET LIBÉRALES

# LES
# ASSURANCES

## L'ART DE S'ASSURER
### CONTRE LES
# ACCIDENTS DU TRAVAIL

PAR

## ARSÈNE PETIT

AVOCAT A LA COUR DE PARIS, OFFICIER DE L'INSTRUCTION PUBLIQUE

> La vérité, oui, toute la vérité, sur les as-
> surances ; — la vérité sur les droits et les
> devoirs respectifs des assureurs et des as-
> surés : 1° au moment où se fait le contrat
> d'assurance ; 2° au cours de l'assurance ;
> 3° après un sinistre ; — voilà d'abord, voilà
> surtout ce qu'on devrait bien connaitre avant
> de s'assurer ; et (qui le croirait !) c'est ce
> qu'on ignore le plus.
>
> (Un vieil inspecteur d'assurances.)

Série I
N° 8
—

PARIS
## J. HETZEL ET Cᴵᴱ, ÉDITEURS
18, RUE JACOB, 18

# ABRÉVIATIONS

| | |
|---|---|
| *Cass.* .......... | Arrêt de la Cour de Cassation. |
| *Paris.* ........ | Arrêt de la Cour de Paris. |
| *Trib. Civ. Seine..* | Jugement du Tribunal Civil de la Seine. |
| *Trib. Com. Mar-* | Jugement du Tribunal de Commerce |
| *seille* ........ | de Marseille. |
| *Voy.* .......... | Voyez. |
| *C. Civ.* ......... | Code Civil. |
| *C. P.* .......... | Code Pénal. |
| *Décr.* .......... | Décret. |
| *Art.* .......... | Article. |
| *Pol.* .......... | Police. |
| *Janv.* .......... | Janvier. |
| *Fév.* .......... | Février. |
| *Avr.* .......... | Avril. |
| *Juil.* .......... | Juillet. |
| *Sept* .......... | Septembre. |
| *Oct.* .......... | Octobre. |
| *Nov.* .......... | Novembre. |
| *Déc.* .......... | Décembre. |

# LES ASSURANCES

## L'ART DE S'ASSURER
## CONTRE LES ACCIDENTS DU TRAVAIL

---

## PREMIÈRE PARTIE

### PRÉLIMINAIRES

------ ᨑᨑᨑ ------

### CHAPITRE PREMIER

**Encore une lettre de notre collaborateur, le vieil inspecteur d'assurances.**

### I

Il y a quelques mois, nous recevions une lettre que nous croyons devoir reproduire ici.

Paris, le 25 mars 1896.

Mon cher Maître,

Au revers de la couverture de votre dernier ouvrage, *La Grammaire de l'art d'écrire,* votre éditeur annonce que le manuel des *As-*

1

*surances contre les accidents* est actuellement sous presse. Cette nouvelle m'a causé la plus grande joie (vous n'en doutez pas, car vous n'avez pas oublié que je vous ai plus d'une fois écrit pour vous exciter à publier ce volume, qui est depuis si longtemps attendu par le public).

Si je ne craignais pas d'être indiscret et de vous paraître trop ambitieux, je vous demanderais, par grâce, la permission de vous offrir une épigraphe en vers, dans laquelle vous retrouveriez, — avec plaisir, je pense, — le nom de **La Sourdine**, ce type de l'agent d'assurances que vous avez créé, ou plutôt peint d'après nature, dans *l'Art de s'assurer sur la vie.* Voici, à tout hasard, mes mauvais vers. Vous en ferez l'usage que vous voudrez.

> Ouvrier ou patron, assuré, sois prudent !
> La Sourdine a beau dire : Après maint accident,
> Pour l'assuré le plus expert, le plus habile,
> Le contrat d'assurance est un titre inutile.
> Ouvriers, ouvrez l'œil ; ouvre bien l'œil, patron.
> Ce contrat paraît clair ? qu'il est obscur, au fond !

Veuillez agréer, mon cher Maître, l'expression de mes sentiments les plus distingués.

Un vieil inspecteur d'assurances.

*P. S.* — Je suis on ne peut plus impatient de voir comment vous apprécierez certaines clauses des Polices; par exemple, cet article de la *police d'assurance collective :*

ART. 7. — Cette assurance ne s'applique pas aux personnes atteintes de maladies ou infirmités graves et permanentes, ni à celles âgées de plus de soixante-dix ans ou de moins de douze ans. Sont exclus du bénéfice de l'assurance les mutilations volontaires, le suicide, l'aliénation mentale, l'asphyxie, l'empoisonnement, les faits de guerre ou d'émeute, de duel, de rixe ou de lutte, les accidents arrivés pendant l'état d'ivresse, ou résultant d'infractions à toutes lois, à tous arrêtés de police et règlements publics et particuliers, ainsi que tous ceux qui ne seraient pas la conséquence directe du travail déclaré par l'assuré ou qui se produiraient en dehors des heures du travail pour lequel le sinistré recevait un salaire.

Que de choses à démêler, que de choses à expliquer, dans ce seul article, imprimé en caractères microscopiques!

Un peu de lumière, s'il vous plaît, Messieurs les assureurs!

Mais les assureurs sont les ennemis déclarés de la lumière. Pour être convaincu de ce que j'avance, il suffirait de jeter les yeux sur l'article 5 de la *Police d'assurance de responsabilité civile,* article qui commence par un mensonge et qui finit par une menace.

Art. 5. — Le présent contrat étant fait dans l'intérêt exclusif de l'assuré, il lui est interdit soit de le produire, soit de le communiquer, sous peine de déchéance absolue.

La vérité, oui, toute la vérité, sur les assurances ; — la vérité sur les droits et les devoirs respectifs des assureurs et des assurés : 1° au moment où se fait le contrat d'assurance ; 2° au cours de l'assurance ; 3° après un sinistre ; — voilà d'abord, voilà surtout ce qu'on devrait bien connaître avant de s'assurer ; et (qui le croirait !) c'est ce qu'on ignore le plus !

La vérité ! vous allez (j'en suis certain, et je vous en félicite, mon cher Maître), vous allez, enfin, la faire sortir, toute nue, du fond du puits où elle se cache... je me trompe... où les assureurs la cachent depuis tant d'années !

U. V. I. A.

## II.

Empressons-nous de remercier notre officieux correspondant, et demandons-lui, en même temps, la permission de substituer (qu'il nous le pardonne !) à l'épigraphe qu'il nous propose une des dernières phrases de sa lettre, cette phrase devant donner au lecteur une idée plus exacte de l'esprit qui a présidé à la rédaction de notre petit livre.

Ce double devoir rempli envers notre collaborateur, abordons immédiatement le sujet que nous avons à traiter.

Puisque les polices d'assurances contre les accidents sont pleines d'obscurité, essayons de les éclaircir un peu, si nous le pouvons; d'abord, en les reproduisant textuellement, mais en caractères plus nets et plus gros; puis en les analysant avec soin, et en faisant commenter par la jurisprudence les clauses qui peuvent donner lieu à des contestations.

---

# CHAPITRE II

### Premier coup d'œil sur les assurances contre les accidents.

## I

L'assurance contre les accidents est un contrat (1) aléatoire (2) par lequel une société,

---

(1) Le contrat, dit l'article 1101 du Code civil, est une convention par laquelle une ou plusieurs personnes s'obligent, envers une ou plusieurs autres, à donner, à faire ou à ne pas faire quelque chose.

(2) Le contrat aléatoire, dit l'article 1964 du Code civil, est

une *compagnie* nous garantit, nous *assure* une indemnité dans le cas où un accident nous causerait un dommage, et par lequel nous nous obligeons, en retour, à payer annuellement à cette compagnie une petite somme, appelée *prime*.

## II

On appelle *accident* tout événement portant atteinte aux personnes ou aux choses et provenant d'une cause indépendante de la volonté des personnes qui en sont victimes.

## III

Lorsqu'on parle d'assurances contre les accidents, on vise surtout :

une convention réciproque dont les effets, quant aux avantages et aux pertes, soit pour toutes les parties, soit pour l'une ou plusieurs d'entre elles, dépendent d'un événement incertain. Tels sont le *contrat d'assurance*, le prêt à grosse aventure, le jeu et le pari, le contrat de rente viagère. Les deux premiers sont régis par les lois maritimes.

Les *lois maritimes* dont il est question dans cet article ne sont autre chose que le Code de commerce, dont les articles 332 à 436 contiennent les règles relatives à l'assurance maritime.

Les compagnies d'assurances terrestres (assurances contre l'incendie, assurances sur la vie, assurances contre les accidents du travail, etc.) introduisent la plupart de ces règles dans les contrats qu'elles font signer aux assurés.

1$^{ent}$ Soit les assurances qui ont pour objet les accidents de personnes qu'on appelle, d'ordinaire, *accidents du travail*, mais qu'on appelle aussi *accidents de chantier* (ou d'*atelier*), ou encore *accidents industriels et agricoles;*

2$^{ont}$ Soit les assurances qui ont pour objet les accidents éprouvés ou causés : 1° par les cochers, conducteurs et palefreniers; 2° et par les chevaux ou voitures.

Nous ne nous occuperons ici que des assurances contre les accidents du travail.

## IV

Les contrats qui règlent les assurances s'appellent *polices* (voyez l'*Art de s'assurer contre l'incendie*, page 30, § II), et les contrats qui apportent des modifications aux polices s'appellent des *avenants* (voyez : 1° l'*Art de s'assurer contre l'incendie*, page 55, § V; 2° et ci-après pages 55, 82 et 83).

## V

Dans le langage des compagnies d'assurances contre les accidents, les mots *accident* et *sinistre* sont des termes synonymes, et la victime d'un accident prend le nom de *sinistré*.

## VI

Nous donnerons plus loin (voyez page 85) le tableau complet des compagnies d'assurances contre les accidents.

. Quant au choix à faire parmi ces compagnies, nous vous demandons la permission de vous renvoyer aux pages 31 à 36 de l'*Art de s'assurer contre l'incendie.*

# DEUXIÈME PARTIE

## ASSURANCES
## CONTRE LES ACCIDENTS DU TRAVAIL

---

## CHAPITRE PREMIER

**Combien y a-t-il de polices d'assurances contre les accidents du travail? — Leurs noms. — Leur souscripteur. — Ce qui précède les polices. — Observation.**

### I

Les polices d'assurances contre les accidents du travail sont au nombre de quatre.

### II

Elles s'appellent, savoir :

1° La première, *Police d'assurance collective;*

2° La deuxième, *Police d'assurance de responsabilité civile;*

1.

3° La troisième, *Police d'assurance contre les accidents causés aux tiers;*

4° Et la quatrième, *Police d'assurance individuelle.*

## III

Les polices sont souscrites par le patron seul, agissant : dans la première, comme *negotiorum gestor* de ses ouvriers, actuels et futurs (Cass., 1ᵉʳ juil. 1885 ; Paris, 30 oct. 1885 ; Trib. civ. Valence, 19 févr. 1886 ; Rennes, 22 mars 1887 ; Tr. civ. Montpellier, 5 mai 1888 ; art. 1372, 1373 et 1374 C. civ.) ; et dans les trois autres en son nom personnel.

## IV

La première police (voyez ci-après, page 13) est précédée d'une *Proposition d'assurance* (voyez ci-après, page 78) et suivie d'un *relevé trimestriel des feuilles de paye* (voyez ci-après, page 84).

## V

La quatrième police est aussi précédée d'une *Proposition d'assurance* (voyez ci-après, page 80).

## VI

On verra plus tard l'importance des Avenants, des Propositions d'assurances, et des relevés des feuilles de paye.

## CHAPITRE II

### A qui s'appliquent les assurances contre les accidents du travail ?

## I

Les assurances contre les accidents du travail ont pour but de garantir :

1° Les ouvriers ;

2° Et les patrons.

## II

Par la première police le patron assure à ses ouvriers, moyennant une prime qu'il s'engage personnellement à payer à la compagnie, une indemnité qui varie suivant la gravité de l'accident dont ils pourront être victimes, même par leur faute.

## III

Par la seconde police, le patron s'assure
à lui-même une indemnité pour le cas où les
ouvriers sinistrés par sa faute (voy. ci-après,
pages 137 à 155) obtiendraient contre lui des
dommages-intérêts.

## IV

Par la troisième police, le patron s'assure
une indemnité dans le cas où il aurait causé
un accident à un tiers.

## V

Par la quatrième police le patron s'assure
à lui-même une indemnité pour le cas où il
serait sinistré personnellement.

## VI

La lecture attentive du texte des quatre
polices vous fera connaître, à peu près, ce
qu'on devrait savoir avant de contracter une
assurance contre les accidents dont nous
avons à nous occuper ici. Donnons d'abord
simplement ces textes. Nous les dépouille-

rons ensuite, et nous verrons ensemble quels sont les devoirs et les droits respectifs de l'assuré et de la Compagnie, d'après les polices et aussi d'après la jurisprudence.

# CHAPITRE III

## Textes des polices d'assurances contre les accidents du travail.

§ I<sup>er</sup>. Pol. A. — ASSURANCE COLLECTIVE

*Conditions générales.*

ART. 1<sup>er</sup>. — La Compagnie garantit les indemnités stipulées dans la présente police, en cas d'accidents occasionnant des blessures et provenant exclusivement d'une cause violente, extérieure et involontaire, atteignant les ouvriers ou employés de l'Assuré, mais seulement pendant l'exercice de travail, de l'industrie ou de la profession visés dans la police.

ART. 2. — La Compagnie paie :

1° En cas de mort, un capital, si la victime laisse une veuve et des enfants mineurs, et, à défaut de veuve, ou d'enfants mineurs, la moitié seulement de ce capital, si la victime laisse des père et mère sexagénaires;

2° En cas d'infirmité, une indemnité variant suivant la gravité des cas spécifiés dans l'art. 3 ci-après.

3° En cas d'incapacité temporaire de travail, une indemnité quotidienne. Le jour de l'accident ne donne pas droit à cette indemnité.

Art. 3. — Les infirmités sont divisées en trois degrés :

1° Perte complète de la-vue ou de deux membres, ou toutes autres lésions aussi graves entraînant une incapacité permanente et absolue de tout travail;

2° Perte complète d'une jambe, d'un pied, d'un bras, d'une main ou toutes autres lésions aussi graves entraînant une incapacité définitive de travail professionnel;

3° Perte complète d'un œil, de trois doigts d'une main ou d'un pied, ou toutes autres lésions aussi graves, diminuant sensiblement et pour toujours l'aptitude au travail.

Art. 4. — Les conditions particulières déterminent le montant des indemnités qui sont payables, savoir :

Le capital, en cas de mort, dans le mois qui suit la remise des pièces justificatives;

L'indemnité, en cas d'infirmité, aussitôt après la constatation définitive de son degré.

Si l'indemnité consiste en une rente, la Compagnie sera seulement tenue d'en servir les arrérages, qui seront payables au Siège de la Société ou de ses Agences, sur la production d'un certificat de vie du bénéficiaire.

L'indemnité quotidienne sera payée par l'Assuré sur la remise du certificat émanant du médecin de la Compagnie et constatant la guérison. Ce paiement sera fait contre un reçu conforme au modèle qui sera fourni à l'Assuré, et, lors du règlement trimestriel de la prime, les sommes ainsi payées se compenseront avec elle, à due concurrence.

Quand les indemnités sont fixées proportionnellement au salaire, elles doivent être calculées sur le salaire payé pour dix heures de travail.

ART. 5. — Le même accident ne peut donner lieu au paiement que d'une des indemnités stipulées dans l'article 2, soit le capital en cas de décès, soit l'une des indemnités, soit enfin l'allocation quotidienne.

Ces indemnités ne peuvent jamais cumuler; elles ne sont payables qu'à la condition expresse que le sinistré ou ses ayants droit renonceront formellement à toute réclamation ultérieure contre l'Assuré; et, s'ils refusent, ou s'ils intentent une action en dommages-intérêts contre l'Assuré, la Compagnie sera déchargée du paiement de toute indemnité stipulée dans la présente police. En aucun cas, la Compagnie ne peut être responsable des suites d'un accident déjà réglé.

Toute action judiciaire relative au paiement des indemnités ci-dessus prévues est prescrite par une année à compter de l'accident; en conséquence, la Compagnie, ce délai expiré, est déchargée de toute garantie.

ART. 6. — L'assurance porte sur toutes les personnes que l'assuré occupe ou pourra occuper pendant le cours de cette police, à sa solde ou la solde de tâcherons, et dont les noms et salaires doivent être régulièrement inscrits sur ses feuilles de paye, carnets de chantiers, livres, etc., pour servir de base à la perception de la prime.

ART. 7. — Cette assurance ne s'applique pas aux personnes atteintes de maladie ou infirmités graves et permanentes, ni à celles âgées de plus de soixante-dix ans ou de moins de douze ans.

Sont exclus du bénéfice de l'assurance :

Les mutilations volontaires, le suicide, l'aliénation mentale, l'asphyxie, l'empoisonnement, les faits de guerre ou d'émeute, de duel, de rixe ou de lutte, les accidents arrivés pendant l'état d'ivresse ou résultant d'infraction à toutes lois, à tous arrêtés de police et règlements publics ou particuliers, ainsi que tous ceux qui ne seraient pas la conséquence directe du travail déclaré par l'Assuré, ou qui se produiraient en dehors des heures de travail pour lequel le sinistré recevait un salaire.

Art. 8. — Les primes sont établies soit à forfait, soit sur le montant des salaires, ou par journée du travail de dix heures.

Les primes à forfait sont payables d'avance, à l'échéance fixée par cette police.

Les primes établies sur le montant des salaires ou par journée de travail sont payables par trimestre échu, le 10, au plus tard, du mois qui suit l'expiration de chaque trimestre.

A cet effet, l'Assuré est tenu de fournir à la Compagnie, avant le 5 des mois de janvier, avril, juillet et octobre, un état des salaires payés à son personnel ou des heures de travail effectuées par lui, pendant le trimestre écoulé.

La Compagnie a toujours le droit de faire vérifier par des délégués de son choix l'exactitude de ces déclarations sur tous les registres et pièces de comptabilité de l'Assuré.

A défaut de l'accomplissement de ces obligations, ou à défaut du paiement de la prime aux époques ci-dessus indiquées, et quarante-huit heures après l'envoi par la Compagnie d'une lettre recommandée, considérée, de convention expresse entre les parties, comme une mise en demeure suffisante, l'effet de l'assurance sera suspendu, mais la Compagnie conservera le droit d'exiger de l'Assuré le paiement des primes échues ou à échoir; elle pourra même résilier la police par simple lettre recommandée.

Les frais de poursuites et d'enregistrement seront à la charge de l'Assuré.

L'assurance ne reprend son effet que le lendemain, à midi, du jour où les primes arriérées et les frais sont acquittés.

ART. 9. — Le droit d'abonnement obligatoire au timbre, fixé à 24 centimes pour cent du montant annuel de la prime, est à la charge de l'Assuré et perçu en même temps que la prime.

En outre, l'Assuré paie, pour le coût de

ce contrat, une somme de 2 francs par personne comprise dans l'assurance.

ART. 10. — Dans les quarante-huit heures de l'accident, l'Assuré doit, à peine de déchéance, en transmettre l'avis à la Compagnie ou à son Agence, en lui adressant exactement remplie la lettre extraite du livre à souche fourni dans ce but par la Compagnie. Il devra, en outre, lui donner tous les renseignements qu'elle croira utile de lui demander sur les causes, circonstances et suites de l'accident.

Toute réticence, toute fausse déclaration de la part de l'Assuré pouvant diminuer l'importance de la prime ou modifier l'opinion du risque ou de l'accident, font perdre le bénéfice de l'assurance ; les primes échues, même sur les risques qui n'auraient pas été déclarés, sont dues à la Compagnie, qui a, en outre, le droit de répéter toutes sommes par elle payées pour accidents, sans préjudice de tous dommages-intérêts.

ART. 11. — La Compagnie ne prend à sa charge que les frais des constatations faites par ses médecins délégués. Elle n'a pas à tenir compte des soins médicaux et accessoires.

Dans les localités où la Compagnie n'a pas de médecin, les sinistres sont constatés à la diligence de l'Assuré, à qui la Compagnie tient compte de 5 francs par sinistre, pour frais de constatation, tant de l'accident que de la guérison.

Quand le sinistré refuse de se laisser visiter par les médecins ou délégués de la Compagnie, celle-ci est exonérée du paiement de toute indemnité.

ART. 12. — Par le seul fait de la souscription de la police, l'Assuré subroge la Compagnie dans tous ses droits et actions contre les tiers, auteurs ou responsables de l'accident et il s'oblige, à peine de déchéance, à réitérer cette subrogation ou à la faire réitérer par le sinistré ou ses ayants droit, dans la forme que la Compagnie jugera nécessaire pour exercer le recours.

ART. 13. — Aucune indemnité ne pourra être exigée de la Compagnie avant le paiement intégral des primes échues.

Après chaque sinistre, la Compagnie se réserve la faculté de résilier la police par simple lettre chargée, mais les primes payées lui sont acquises, et celles échues seront exigibles de l'Assuré par les voies de droit.

ART. 14. — La présente police est souscrite pour une durée de dix années ; elle continue

pour une période égale si les contractants
n'ont pas déclaré par lettre chargée leur intention de faire cesser l'assurance six mois
avant l'époque fixée pour son expiration ; elle
engage non seulement les parties, mais aussi
leurs héritiers, ayants droit, représentants ou
successeurs, et conserve son effet avec tout
Assuré qui constitue une Société, ou toute
Société qui se modifie, sous peine, en cas
d'inexécution de cette obligation, de payer à
la Compagnie une indemnité égale à une année moyenne de la prime d'assurance.

La présente police est obligatoire pour la
Compagnie à la date fixée pour sa prise d'effet.

En cas de faillite de l'Assuré, l'effet de
cette assurance est suspendu jusqu'au jour
où ce dernier est replacé à la tête de ses af-
faires.

ART. 15. — Toutes contestations entre
l'Assuré et la Compagnie seront soumises
aux tribunaux compétents du domicile de l'A-
gence, dont, à l'exclusion de tous autres, les
parties déclarent accepter la juridiction. Cependant, si l'Assuré habite le département de
la Seine, les tribunaux de ce département
seront seuls saisis des contestations qui pourront survenir.

## *Conditions particulières.*

*Aux conditions générales qui précèdent et à celles particulières qui suivent, la Compagnie garantit les indemnités suivantes en cas d'accidents atteignant tous les ouvriers et employés de M*.......................................................................
*qu'il déclare occuper actuellement au nombre d'environ*.............................................................................
*et qu'il pourra occuper par la suite dans les travaux de la profession, qu'il exerce dans le département d*..........................................

1° En cas de mort, *un capital de*.......................

2° En cas d'infirmité du premier degré.............

3° En cas d'infirmité du deuxième degré...........

4° En cas d'infirmité du troisième degré...........

5° En cas d'incapacité temporaire du travail

...............................................................................

reductible de moitié à partir du 91ᵐᵒ jour...........

    Cette assurance est consentie moyennant une prime de...............................................................

...............................................................................

...............................................................................

...............................................................................

Conformément aux dispositions de l'art. 9

des conditions générales, le coût de ce contrat est fixé à la somme de

Fait          à          , le          .

*L'Assuré,*                    *L'Agent,*

Vu et admis pour prendre effet

le          , à midi.

Pour la Compagnie,
*l'Administrateur délégué,*

## § II. Pol. B. — Assurance de responsabilité civile

### Complementaire de la Police d'Assurance collective N°

Entre  M⎯⎯⎯⎯⎯⎯⎯⎯⎯⎯⎯⎯⎯⎯⎯⎯⎯⎯
⎯⎯⎯⎯⎯⎯⎯⎯⎯⎯⎯⎯⎯⎯⎯⎯⎯⎯ d'une part ;
et la compagnie⎯⎯⎯⎯⎯⎯⎯⎯⎯⎯⎯⎯⎯⎯
⎯⎯⎯⎯⎯⎯⎯⎯⎯⎯⎯⎯⎯⎯d'autre part ;

*Il a été convenu ce qui suit :*

Art. 1er. — La présente assurance a pour objet de garantir la responsabilité civile pouvant incomber à l'Assuré par suite d'accidents professionnels ayant atteint ses ouvriers ou employés.

Cette assurance est le complément de la police collective ci-dessus désignée ; elle ne s'applique qu'aux accidents couverts par ladite police, et ne peut exister sans elle ; en conséquence, l'Assuré ne bénéficie de la présente assurance que s'il a satisfait à toutes les conditions générales et particulières de la police d'assurance collective.

Art. 2. — La Compagnie est responsable sur chaque accident jusqu'à concurrence de la somme de ▬▬▬▬▬ par victime, sans que la garantie de la Compagnie pour un accident puisse jamais être supérieure à cinquante mille francs, quel que soit le nombre de victimes, ceci de convention expresse.

La garantie de la Compagnie, ainsi limitée par accident et par victime, comprend les indemnités payées ou à payer en vertu de la police collective, les honoraires d'avocats, les frais judiciaires et toutes les dépenses occasionnées à la Compagnie par le sinistre.

Si la réparation civile consiste en rentes viagères, la Compagnie sera seulement tenue d'en servir les arrérages jusqu'à épuisement de la somme garantie.

Les amendes ne sont dues en aucun cas par la Compagnie.

Art. 3. — Dans toutes poursuites ou demandes dirigées à l'occasion d'un accident contre l'Assuré, celui-ci ne pourra, sous aucun prétexte, à peine d'être privé du bénéfice de cette assurance, mettre la Compagnie en cause ou l'appeler en garantie. Si la Compagnie refusait de se charger de l'accident, l'Assuré aurait contre elle une action principale devant le tribunal compétent.

La Compagnie, sous le nom de l'Assuré, répond à toutes les réclamations, elle a la direction exclusive des procès, et le présent contrat lui donne, à cet effet, tous pouvoirs que l'Assuré sera tenu de renouveler par acte spécial sur la simple demande de la Compagnie.

Toutes citations, convocations et toutes pièces quelconques adressées ou signifiées à l'Assuré, même à la requête du Ministère public, seront donc par lui remises à la Compagnie, contre récépissé, au plus tard le lendemain de leur date, à défaut de quoi elle sera affranchie de toute responsabilité relative à l'accident.

La Compagnie a seule le droit de transiger

avec les sinistrés ou leurs ayants droit; elle est déchargée de toute garantie en cas de reconnaissance de responsabilité ou de transaction faite par l'Assuré sans autorisation expresse et par écrit de la Compagnie.

ART. 4. — Toute action judiciaire relative à la garantie ci-dessus prévue est prescrite par un an à compter de l'accident.

ART. 5. — Le présent contrat étant fait dans l'intérêt exclusif de l'Assuré, il lui est interdit soit de le produire, soit de le communiquer à qui que ce soit, sous peine de déchéance absolue.

Fait à , le

*L'Assuré*, *L'Agent*,

Vu et admis pour prendre effet
le à midi.

Pour la Compagnie,

*l'Administrateur délégué.*

## § II *bis*. Pol. C. — Assurance
### contre les accidents causés aux tiers.

### *Conditions générales.*

Art. 1er. — L'assurance résultant du présent contrat a pour objet la garantie de la responsabilité civile incombant au souscripteur par suite d'accidents corporels pouvant atteindre les tiers, c'est-à-dire les passants ou les ouvriers d'un autre patron par le fait direct et immédiat des ouvriers salariés du souscripteur, dans l'exercice de leur profession et se produisant pendant les heures de travail (chute de matériaux, d'outils, d'échafaudage).

Elle n'aura d'existence et d'effet qu'après que le contrat aura été revêtu du visa de la direction à Paris.

Art. 2. — L'assurance donne droit, moyennant une prime déterminée aux conditions particulières ci-après pour le cas de responsabilité civile judiciairement prononcée ou amiablement établie à une indemnité fixe.

Si la réparation consiste en une rente viagère, la Compagnie ne sera tenue que de servir les arrérages jusqu'à concurrence de la somme garantie.

Les amendes infligées à l'Assuré ne sont jamais supportées par la Compagnie.

ART. 3. — L'assurance s'applique à tous les travaux ressortant de la profession du souscripteur et qui pourront être effectués par lui pendant la durée du présent contrat.

Toute ouverture de chantier ainsi que tous changements apportés à la nature du risque déclaré devront être signalés à la Compagnie dans un délai de quatre jours et régularisés par un avenant, à peine de déchéance en cas de sinistre.

ART. 4. — Les primes sont basées soit sur le montant des salaires, soit sur un chiffre à forfait, soit sur les heures de travail effectif.

Elles sont payables comptant et d'avance, ou mois par mois du 1er au 10, d'après un état mensuel, constatant le nombre d'heures de travail fournies, d'ouvriers employés, ou la somme de salaires payés dans le courant du mois précédent, et sur la justification par le livre de paye et le registre des ouvriers.

A cet effet, le souscripteur est tenu d'inscrire régulièrement sur sa feuille de paye et sur le carnet du chef d'atelier, les noms, prénoms et professions de tous les ouvriers qu'il emploie, avec indication du chantier auquel ils sont attachés.

La Compagnie pourra prendre communication, à sa volonté, des livres de paye et des registres d'ouvriers.

Toute fausse déclaration ou réticence de la part du souscripteur entraîne la déchéance du droit à l'indemnité pour raison de sinistre, et la Compagnie n'en a pas moins le droit de réclamer toutes les primes courues ou à courir et tous dommages et intérêts.

ART. 5. — Aucune indemnité due pour cause de sinistre n'est soldée par la Compagnie avant le paiement intégral des primes dues par le souscripteur.

Dans tous les cas, la Compagnie n'en conserve pas moins le droit d'exiger du souscripteur le paiement des primes courues et à courir.

A défaut de paiement de la prime, la Compagnie peut, après quinze jours de retard, et sur l'avis notifié par simple lettre au souscripteur, le poursuivre par toutes les voies de droit.

Le non-paiement de la prime dans le délai imparti ci-dessus, laisse à la charge de l'assuré les accidents qui surviendraient, sans qu'il soit besoin d'aucune mise en demeure, et ce de convention expresse et de rigueur. Si le paiement est effectué après ce délai de quinze jours, l'assuré n'est garanti que des accidents survenus 24 heures après ledit paiement.

Les frais de poursuite et d'enregistrement de la police sont à la charge du souscripteur.

Six mois avant l'expiration de la police, les contractants auront le droit de déclarer, par lettre chargée, s'ils entendent ne pas continuer l'assurance, et, à défaut de cette déclaration, le contrat continue d'avoir effet pour de nouvelles périodes d'égale durée chacune.

ART. 6. — L'assurance est faite pour une durée de 10 années. Elle sera résiliée de plein droit par la mort du souscripteur ou la cessation définitive de son industrie. Mais, en cas de faillite, cession, association ou reprise de l'industrie par un ou plusieurs des héritiers ou co-associés, l'assurance continuera son effet ou sera résiliée, au choix de la Compagnie.

En cas de vente, le vendeur s'oblige à imposer au nouveau propriétaire l'engagement de continuer la police ou de payer à la Compagnie, outre les primes échues, une indemnité égale à une année de primes, à titre de dommages-intérêts; il en sera de même en cas de reprise de l'industrie par l'un des associés ou l'un ou plusieurs des héritiers.

Après un sinistre ou à défaut de paiement de la prime, la Compagnie se réserve le droit de résilier la police, en prévenant le souscripteur par lettre chargée.

Toute prime payée au jour de la résiliation demeure acquise à la Compagnie.

ART. 7. — Dans les 48 heures de l'accident, le souscripteur de la police est tenu, à peine de déchéance, d'en faire la déclaration à la Compagnie, à Paris, ou à ses agents, en province.

La déclaration devra indiquer les noms et adresses des personnes qui, par le fait de l'accident, prétendraient avoir des droits à réparation du dommage causé;

Elle devra désigner, en outre, le nom et le domicile de l'auteur et des témoins de l'accident.

Le souscripteur doit personnellement ou par ses préposés, faciliter les enquêtes sur les sinistres. Il devra envoyer à la Compagnie, ou à ses représentants en province, l'auteur de chaque accident, pour fournir à la Compagnie des renseignements sur la nature dudit accident, ses causes connues ou présumées, ainsi que toutes les circonstances qui l'ont accompagné.

ART. 8. — Les procès en responsabilité civile pouvant survenir par suite d'accidents garantis par le présent contrat seront soutenus et suivis par la Compagnie au nom du souscripteur, celui-ci s'obligeant à transmettre à la Compagnie, dans les 48 heures sous peine de déchéance, tous actes judiciaires ou extrajudiciaires qui lui auront été signifiés, ainsi que tous avertissements, lettres, avis, convocations ou documents quelconques relatifs à un sinistre.

Tout procès suivi en dehors des prescriptions qui précèdent dégage la Compagnie de toute garantie.

Les honoraires et frais de toute nature occasionnés par les instances judiciaires sont compris pour moitié dans le capital garanti par le présent contrat, l'autre moitié restant à la charge du souscripteur.

Aucune action judiciaire en paiement de l'indemnité à laquelle la Compagnie est tenue, en vertu du présent contrat, ne pourra être exercée contre celle-ci après un an, à compter du jour de l'accident. En conséquence, la

Compagnie est dégagée de toute obligation si, pendant ce délai, pour une cause quelconque, la garantie de la responsabilité civile n'a pas été judiciairement invoquée.

ART. 9. — Ce contrat étant fait exclusivement dans l'intérêt du souscripteur et pour garantir sa responsabilité civile, il lui est interdit de le produire sous peine de déchéance de la garantie qui en résulte.

De même le présent contrat sera considéré comme nul et non avenu si le souscripteur dirige une action de garantie contre la Compagnie, celle-ci ne pouvant être mise en cause que par voie d'action principale et directe.

La Compagnie a seule le droit de transiger. Toute transaction faite sans son consentement la dégage d'une manière complète.

ART. 10. — La Compagnie ne répond pas des conséquences provenant de la malveillance du souscripteur ou de ses préposés salariés ni des accidents résultant de rixe ou de lutte, de meurtre, d'agression, d'ivresse, d'infraction aux lois et aux règlements publics ou particuliers, ou de faute grave. Sont également exclus du bénéfice de l'assurance les accidents survenant aux parents, associés, employés et gens à gages du souscripteur, de même que ceux causés aux tiers par les chevaux et les voitures de l'assuré ou de ceux occasionnés par l'explosion des générateurs et des récipients à vapeur, la Compagnie délivrant des polices spéciales pour ces sortes de risques.

ART. 11. — La Compagnie est subrogée pour poursuivre, comme elle l'entendra, jusqu'à concurrence des sommes qu'elle aura à payer, le recours qui lui appartient contre les personnes responsables de l'accident.

Le présent contrat implique la renonciation de la part de la Compagnie à tout recours contre le souscripteur de la police.

ART. 12. — Les contestations entre les souscripteurs et la Compagnie seront jugées par les tribunaux ordinaires à Paris.

Toutefois, elles devront être déférées, si la Compagnie le demande, à deux arbitres domiciliés à Paris, et nommés, l'un par la Compagnie, et l'autre par le souscripteur.

En cas de partage, ces deux arbitres devront s'en adjoindre un troisième qu'ils nommeront eux-mêmes, et dans le cas où ils ne parviendraient pas à s'entendre sur le choix du tiers arbitre, il y sera pourvu, à la requête de la partie la plus diligente, par M. le Président du tribunal de commerce de la Seine.

La décision des arbitres sera sans appel ni recours en cassation.

Néanmoins, les poursuites relatives au paiement des primes, quelle que soit l'importance du litige, seront jugées en dernier ressort par M. le Juge de paix de l'arrondissement où se trouve le siège de la Compagnie ou de son agence.

## Conditions particulières.

La Compagnie garantit aux conditions qui précèdent et à celles qui suivent :

La responsabilité civile de M..............................................

.................................................................................................

demeurant à..........................................................................

exerçant la profession de...................................................

à raison des accidents dont la nature est relatée ci-dessus, jusqu'à concurrence d'une somme fixe de.....................................................................

payable.................................................................................

moyennant une prime de....................................................

Fait triple, à , le 189

*Le souscripteur,* Pour la Compagnie

Vu pour prendre effet à partir du

*Le directeur,*

## § III. Pol. D. — Assurance individuelle.

### *Conditions générales.*

Art. 1er. — La Compagnie assure la personne désignée dans la présente police contre les Accidents occasionnant des blessures et provenant exclusivement d'une cause violente, extérieure et involontaire.

La mort produite par l'asphyxie immédiate résultant de chute dans l'eau est garantie par cette assurance.

Art. 2. — La Compagnie réserve à l'Assuré et aux bénéficiaires de l'assurance tous leurs droits et actions contre l'auteur et les tiers responsables de l'accident.

Art. 3. — La Compagnie garantit :

1° En cas de mort, un capital payable exclusivement au bénéficiaire désigné dans cette police et, à défaut de bénéficiaire, soit à la veuve et aux enfants de l'Assuré, soit, en l'absence de veuve et d'enfants, à ses père et mère ;

2° En cas d'infirmité, une indemnité payable à l'Assuré lui-même et dont l'importance varie suivant les degrés énoncés dans l'article 5 ;

3° En cas d'incapacité temporaire et absolue de travail pendant trois jours au moins et cent jours au plus, une indemnité quotidienne payable aussi à l'Assuré.

Cette indemnité sera réduite de moitié quand l'Assuré pourra se livrer à une partie de ses occupations ordinaires.

Art. 4. — Les sommes dues par la Compagnie sont fixées par les conditions particulières, et exigibles :

Le capital en cas de mort, dans le mois de l'admission du sinistre ; l'indemnité en cas d'infirmité, après la constatation définitive de son degré, et celle en cas d'incapacité temporaire de travail, après la guérison.

Art. 5. — Les infirmités sont divisées en cinq degrés :

1° Perte complète des deux yeux ou amputation de deux membres ;

2° Amputation d'une jambe, d'un bras, d'un pied, d'une main ;

3° Perte complète d'un œil, ablation de la mâchoire inférieure, fracture non consolidée d'une jambe ou d'un bras, amputation de quatre doigts d'une main, amputation partielle d'un pied comprenant tous les orteils et une partie du pied;

4° Perte définitive des mouvements de l'épaule, du coude, de la hanche, du genou, du cou-de-pied; amputation de deux doigts, y compris le pouce, ou de trois autres doigts d'une main; amputation du gros orteil ou des quatre autres orteils d'un pied; fracture non consolidée de la mâchoire inférieure; fracture de la rotule non consolidée; raccourcissement d'un membre inférieur de cinq centimètres au moins;

5° Amputation d'un ou deux doigts d'une main; amputation de deux ou trois orteils d'un pied ou de quatre phalanges des doigts d'une main; perte complète de l'usage de deux doigts ou des mouvements du poignet; raccourcissement d'un membre inférieur de trois centimètres au moins.

Toutes infirmités non énumérées ci-dessus sont considérées comme une incapacité temporaire de travail et ne donneront droit qu'à l'indemnité quotidienne, si elle a été prévue par les conditions particulières qui suivent.

Art. 6. — Cette assurance n'a d'effet qu'en Europe et en Algérie.

En mer, les accidents ne sont garantis que pendant la traversée d'un port d'Europe ou d'Algérie à un autre port d'Europe ou Algérie, effectuée à bord d'un bâtiment faisant un service régulier de passagers.

En dehors du territoire français continental, l'assurance ne couvre pas l'incapacité temporaire de travail.

Art. 7. — La Compagnie n'admet pas au bénéfice de l'assurance les personnes atteintes de maladies ou infirmités graves et permanentes.

Elle ne répond pas des cas de mort, d'infirmité ou d'incapacité de travail résultant d'une maladie quelconque se déclarant avant, pendant ou après un accident, qu'elle soit directement ou conjointement avec l'accident la cause de la mort, de l'infirmité ou de l'incapacité de travail.

Sont aussi exclus de l'assurance :

Les conséquences de suicide, d'aliénation mentale, d'épilepsie, de surdité, d'asphyxie, d'empoisonnement, de mutilations volontaires, de duel, de rixe ou de lutte, de guerre ou d'émeute, d'ascensions aérostatiques, de courses de chevaux, d'opérations chirurgicales n'étant pas nécessitées par un accident garanti par la présente police, ainsi que les accidents arrivés pendant l'état d'ivresse ou résultant d'infractions aux lois et règlements publics ou particuliers relatifs à la sécurité des personnes.

ART. 8. — Les déclarations du contractant ou du tiers assuré contenues dans la proposition qui précède la police servent de base au contrat.

Toute réticence, toute dissimulation d'infirmité ou de maladie, toute déclaration fausse ou inexacte sur la nature du travail ou des occupations de l'Assuré, font perdre tous droits à l'assurance, et les primes payées ou échues sont acquises à la Compagnie.

Tout changement de profession, toute infirmité ou maladie pouvant modifier l'état physique de l'Assuré survenant pendant le cours de la police, devront, à peine de déchéance, être signalés à la Compagnie, qui aura la faculté de résilier le contrat ou de fixer une prime nouvelle d'après l'aggravation ou la diminution du risque ; cependant, s'il y avait lieu à augmentation de la prime, l'Assuré aurait le droit de demander la résiliation de la police, moyennant le paiement d'une année de prime à titre d'indemnité, indépendamment de la prime de l'année courante.

Ces modifications, ainsi que tout changement de domicile, doivent être notifiés à la Compagnie dans les trente jours par lettre recommandée, à défaut de quoi l'effet de la police est suspendu de plein droit, quoique le contractant reste tenu au paiement des primes échues ou à échoir.

ART. 9. — Les primes se paient comptant, annuellement et d'avance, au siège de la Compagnie ou de ses Agences.

Le droit d'abonnement obligatoire au timbre, fixé à 0,24 centimes % du montant annuel de la prime, est à la charge de l'Assuré et perçu en même temps que la prime.

La prime de la première année et le coût de la police sont payés en signant le contrat.

Les primes suivantes sont payables d'année en année à l'échéance correspondant à la date de la police. — A défaut de paiement dans les quinze jours qui suivent cette échéance, ou deux jours après l'envoi par la Compagnie au domicile du contractant d'une lettre recommandée, l'effet de l'assurance est suspendu et les accidents survenus depuis le jour de l'échéance de la prime jusqu'au lendemain à midi de celui où la prime a été acquitée, ne sont pas couverts par l'assurance ; néanmoins, les primes échues ou à échoir restent exigibles du contractant. Les frais de poursuites et d'enregistrement seront à la charge de l'Assuré.

ART. 10. — La police est souscrite pour une durée de dix années ; elle continue pour une période égale, si les contractants n'ont pas déclaré, par lettre chargée, six mois avant l'époque fixée pour son expiration, leur intention de faire cesser l'assurance.

Elle est obligatoire pour la Compagnie, le lendemain de sa signature, à midi, après l'encaissement de la prime.

ART. 11. — Dans les quarante-huit heures qui suivront un accident, l'Assuré ou ses ayants droit devront le faire constater par un médecin et aviser la Compagnie par lettre chargée.

Ils seront tenus de prouver que la mort, l'infirmité ou l'incapacité temporaire de travail sont le résultat direct et immédiat d'un accident garanti par la présente police, et ils devront, à cet effet, faire parvenir à leurs frais, dans un délai de huit jours, au siège de la Compagnie ou de son Agence :

1° La déclaration signée et légalisée des témoins de l'accident, contenant les nom, prénoms, âge et domicile du sinistré, les circonstances et le lieu de l'accident;

2° Le certificat du médecin appelé, relatant la nature de l'accident et faisant connaître ses conséquences probables.

L'inaccomplissement de ces formalités dans les délais prescrits fait perdre tous droits à l'assurance.

Le médecin de la Compagnie, ses agents et inspecteurs devront avoir à toute époque, sous peine de déchéance, un libre accès auprès du sinistré, afin de pouvoir constater son état.

Si le médecin de l'Assuré et celui de la Compagnie ne sont pas d'accord sur les causes, la nature et les conséquences définitives de l'accident ou sur le degré d'infirmité dont sera atteint l'Assuré, ils pourront en choisir un troisième à l'amiable pour les départager; ses honoraires seront payés à frais communs.

ART. 12. — Le même accident ne peut donner droit qu'au paiement d'une seule indemnité, soit le capital en cas de mort, soit l'indemnité fixée suivant le degré d'infirmité. soit l'allocation quotidienne.

Ces diverses indemnités ne pouvant jamais se cumuler, si plusieurs des infirmités prévues par l'article 5 résultaient d'un même accident, l'Assuré n'aurait droit qu'à l'indemnité fixée pour la plus grave de ces infirmités.

En aucun cas, la Compagnie ne peut être responsable des suites d'un accident déjà réglé.

Celui qui emploie des moyens ou documents mensongers à l'effet d'induire la Compagnie en erreur sur les circonstances d'un accident ou pour en exagérer les conséquences, est entièrement déchu du droit à toute indemnité.

ART. 13. — Après un sinistre ayant causé la mort ou une des infirmités prévues par l'article 5, l'assurance est résiliée de plein droit et sans qu'il soit besoin d'aucune notification.

L'accident ayant entraîné seulement une incapacité temporaire de travail, donne à la Compagnie le droit de résilier la police par simple lettre recommandée, à la condition toutefois que les sinistres payés ou à payer atteignent le montant des primes perçues.

Dans l'un ou l'autre de ces cas, les primes perçues restent entièrement acquises à la Compagnie.

ART. 14. — Toute action judiciaire en paiement d'indemnité est prescrite par un an, à partir du jour de l'accident.

ART. 15. — Les contestations entre le contractant et la Compagnie seront, suivant leur importance, jugées par les tribunaux compétents du domicile de l'Agence dont, à l'exclusion de tous autres, les parties déclarent accepter la juridiction. Cependant, si l'Assuré habite le département de la Seine, les tribunaux de ce département seront seuls saisis des contestations qui pourront survenir.

## Conditions particulières.

Sur la foi des déclarations de l'Assuré contenues dans sa proposition, la Compagnie s'engage à payer, conformément à l'article 3 des conditions générales de la Police ;

En cas de mort par accident une somme de

à

En cas d'infirmité du premier degré une

3.

somme de ...................................................................................
laquelle sera réduite à la moitié en cas d'infir-
mité du deuxième degré ; au quart, en cas
d'infirmité du troisième degré ; au sixième en
cas d'infirmité du quatrième degré ; au dixième
en cas d'infirmité du cinquième degré.

En cas d'incapacité temporaire du travail,
une indemnité quotidienne de

Fait                à.         , le         .


*L'Assuré,*                          *L'Agent,*

Pour la Compagnie,

*l'Administrateur délégué,*

---

# CHAPITRE IV.

## Classification des sinistres.

Les sinistres sont divisés en deux catégories :
1° La mort ;
2° Et les infirmités.
Ces dernières sont subdivisées en trois
autres catégories, qui prennent les noms

d'*infirmité du premier degré*, d'*infirmité du deuxième degré* et d'*infirmité du troisième degré,* suivant leur gravité (Pol. A, art. 3, page 14).

Les infirmités du premier degré sont :

1° La perte complète de la vue ou de deux membres ;

2° Ou toutes autres lésions aussi graves entraînant une incapacité permanente et absolue du travail.

Les infirmités du deuxième degré sont :

1° La perte complète d'une jambe, d'un pied, d'un bras ou d'une main ;

2° Ou toutes autres lésions aussi graves et entraînant une incapacité définitive du travail professionnel.

Les infirmités du troisième degré sont :

1° La perte complète soit d'un œil, soit de trois doigts d'une main ou d'un pied ;

2° Ou toutes autres lésions aussi graves, diminuant sensiblement et pour toujours l'aptitude au travail.

*Nota.* — Pour les accidents qui frappent le patron personnellement, les infirmités sont subdivisées en deux degrés de plus. (Voyez Pol. D, art. 5, page 37.)

1° *Infirmité du premier degré :* Perte com-

plète des deux yeux ou amputation de deux
membres.

2° *Infirmité du deuxième degré* : Amputation d'une jambe, d'un bras, d'un pied, d'une
main.

3° *Infirmité du troisième degré* : Perte complète d'un œil, ablation de la mâchoire inférieure, fracture non consolidée d'une jambe
ou d'un bras, amputation de quatre doigts
d'une main, amputation partielle d'un pied
comprenant tous les orteils et une partie d'un
pied.

4° *Infirmité du quatrième degré* : Perte définitive des mouvements de l'épaule, du coude,
de la hanche, du genou, du cou-de-pied ; amputation de deux doigts, y compris le pouce,
ou de trois autres doigts, d'une main ; amputation du gros orteil ou de quatre autres orteils
d'un pied, fracture non consolidée de la mâchoire inférieure, fracture de la rotule, non
consolidée ; raccourcissement d'un membre
inférieur, de 5 centimètres au moins.

5° *Infirmité du cinquième degré* : Amputation d'un ou deux doigts d'une main ; amputation de deux ou trois orteils d'un pied ou de
quatre phalanges des doigts d'une main ; perte
complète de l'usage de deux doigts ou des

mouvements du poignet; raccourcissement
d'un membre inférieur, de trois centimètres
au moins.

# CHAPITRE V

## A quelles conditions est soumise l'Assurance contre les accidents du travail.

La lecture des polices d'assurances vous a
fait connaître les nombreuses conditions auxquelles est soumise l'assurance contre les
accidents du travail.

Parmi ces conditions, vous avez dû en remarquer quatre, qu'il nous paraît utile de
rappeler ici.

Pour que l'assuré soit en droit de réclamer
une indemnité à la compagnie d'assurances, il
faut :

1ᵉᵐ Qu'on ne puisse pas établir qu'au moment de l'assurance, il avait une maladie ou
infirmité grave et permanente ou qu'il avait
soit plus de 70 ans soit moins de 12 ans ;

2ᵒⁿᵗ Que le sinistre ne soit pas le résultat de
la volonté du sinistré (mutilation volontaire,

suicide) ou de l'ivresse, ni le résultat de rixes ou de luttes;

3ent Que le sinistre n'ait pas été causé par une infraction aux lois ou aux règlements;

4ent Que le sinistre ne se soit pas produit en dehors des heures du travail pour lequel le sinistré recevait un salaire.

# CHAPITRE VI

## Interprétation des clauses des polices d'assurances contre les accidents du travail. Caractère de ces clauses.

## I

Lorsqu'une clause est obscure, le doute s'interprète en faveur de l'assuré (Cass., 12 juil. 1837; Paris, 1er août 1844; Besançon, 3 mai 1847; Paris, 19 déc. 1849, 12 janv. 1850 et 29 janv. 1870).

## II

Si les clauses imprimées et les clauses manuscrites sont contradictoires, c'est à ces dernières qu'il faut donner la préférence (Cass.,

2 juin 1851 et 1er févr. 1853 ; Paris, 21 juillet 1859 ; Gand, 20 avril 1861 ; Paris, 21 déc. 1889)..

## III

Manuscrites ou imprimées, les clauses de la police (Voy. *L'Art de s'assurer contre l'incendie*, pages 66 et 67) ont, en général, un caractère obligatoire (Cass., 1er juin 1851 et 1er févr. 1853 ; Trib. civ. Castres, 2 févr. 1860 ; Cass., 18 août 1860, 18 janv. 1869, 2 mars 1875 et 2 août 1887 ; Lyon, 4 avril 1888 ; Dijon, 7 juin 1888 ; Paris, 20 déc. 1890 ; Douai, 15 déc. 1893).

## IV

Voici, pourtant, quelques clauses qui ont été jugées nulles :

1° Est nulle, comme contraire à l'ordre public (art. 6 et 1382, C. civ.), la clause qui déclare déchu de tout droit à l'indemnité contractuelle (1) l'ouvrier qui actionne son pa-

---

(1) Cette indemnité est celle qui est stipulée dans le contrat d'assurances. On l'appelle ainsi pour la distinguer de l'indemnité *légale*, qui est due en vertu des art. 1382 et suivants du Code civil.

tron en vertu de l'art. 1382 du Code civil
(Dijon, 27 mars 1882 ; Rennes, 24 avr. 1882 ;
Grenoble, 23 nov. 1883; Nancy, 26 janv..1884;
Cass., 1er juil. 1885; Boulogne-sur-Mer, 20 juil.
1885; Dijon, 27 mai 1892 ; Bordeaux, 21 déc.
1892; Caen, 15 mai 1893; Paris, 26 déc.
1893).

2° Est nulle la clause qui déclare déchu de
tout droit à l'indemnité le patron qui a com-
muniqué la police collective. (17 janv. 1894).

3° Est nulle la clause qui déclare déchu de
tout droit à l'indemnité l'ouvrier qui actionne
directement la Compagnie d'assurances (Trib.
civ. Seine, 16 janv. 1878 ; Dijon, 27 mars
1882 ; Nîmes, 24 avr. 1882). ·

4° Est nulle, comme constituant un clause
*potestative* ( art. 1174 du Code civil) la
clause qui interdit au patron d'actionner la
Compagnie d'assurances ou de l'appeler en garantie (Trib. com. Seine, 21 mars 1870 ; Nîmes, 20 août 1879; Dijon, 4 mai 1885 ; Bordeaux, 20 nov. 1885; Valence, 9 févr. 1886 ;
Lyon, 19 mai 1886; Paris, 28 juin 1887;
Trib. com. Bordeaux, 11 août 1887, 1er juin
1891; Bordeaux, 25 avril 1893), mais seulement :

1° Dans le cas où la Compagnie a refusé for-

mellement de suivre le procès ; 2° et dans le
cas où, mise en demeure par une sommation,
elle est restée dans l'inaction.

(Valence, 9 févr. 1886 ; Lyon, 19 mai 1886 ;
Lyon, 16 févr. 1887 ; Lyon, 26 nov. 1887 ;
Bordeaux, 25 avril. 1893) ; cas dans lesquels
la compagnie peut même être condamnée à
des dommages-intérêts (Nîmes, 2 mai 1893).

5° Est nulle, comme constituant une clause
*compromissoire* qui ne contient pas les dési-
gnations exigées par l'article 1006 du Code
de procédure civile, la clause portant qu'en
cas de sinistre, les dommages-intérêts seront
réglés ou évalués par des experts. (Cass.,
12 avr. 1821, 12 juil. 1843, 21 févr. et 2 déc.
1844) et 7 mars 1883 ; Riom, 7 juil. 1888).

# TROISIÈME PARTIE

## OBLIGATIONS DE L'ASSURÉ

---

## CHAPITRE PREMIER

### Obligations du patron.

#### SECTION PREMIÈRE

*Au moment de la Signature des propositions d'assurances* (1).

Au moment de la signature des propositions d'assurances, le patron doit faire des déclarations exactes et complètes, toute réticence, toute dissimulation d'infirmité ou de maladie, toute déclaration fausse ou inexacte, sur la nature du travail ou des occupations de l'Assuré pouvant faire perdre à celui-ci tout droit à l'assurance, (Pol. A, art. 10, § 2, page 19 ; Pol. B, art. 1ᵉʳ, § 2, page 24 ; Pol. C, art. 4, § 5, page 29 ; Pol. D, art. 8, § 2, page 40 ; Rouen, 15 mars 1880 ; Trib. com.

---

(1) Voy. ci-dessus, page 10, § ɪv, et ci-après, pages 78 et 80.

Marseille, 2 mars 1883 ; Aix, 12 février 1884 ; Trib. civ. Châlons-sur-Saône, 26 juin 1885).

## SECTION DEUXIÈME

*Au moment de la signature des polices.*

Au moment de la signature des polices d'assurances le patron doit :

1° Payer la première prime, et le droit d'abonnement au timbre (Pol. A, art. 8 et 9, pages 17 et 18 ; Pol. B, art 1ᵉʳ § 2, page 24 ; Pol. C, art. 4, § 2, page 28 ; Pol. D, art. 9, page 41) ;

2° Signer les polices d'assurances ;

3° Veiller à ce que ces polices soient signées par les représentants autorisés de la Compagnie.

4° Examiner si la quittance qui lui est délivrée est détachée d'un registre à souche émanant de la Compagnie.

## SECTION TROISIÈME

*Au cours de l'assurance.*

Au cours de l'assurance, le patron doit :

1° Rechercher les erreurs qu'il aurait pu commettre dans ses déclarations ;

2° Faire faire les avenants (1) nécessités par la découverte de ces erreurs ou par les changements survenus depuis la passation des polices;

3° Payer le coût de ces avenants;

4° Fournir régulièrement tous les trimestres (avant le 5 des mois de janvier, avril, juillet et octobre) les relevés des feuilles de paye (2) (Pol. A, art. 8, § 4, page 17);

5° Veiller à ce que les relevés soient exempts de toute erreur ou omission;

6° Notifier à la Compagnie tout changement de profession ou de domicile et toute modification dans l'état de santé de l'assuré (Pol. D, art. 8, § 3, page 40);

7° Payer les primes à leur échéance (Pol. A, art. 8, § 2, page 17; Pol. B, art. 1er, § 2, page 24; Pol. C, art. 5, § 4, page 29 et Pol. D, art. 9, § 1er, page 41).

8° Éviter les contraventions (voy. page 73, 7°.

## SECTION QUATRIÈME

*Après un sinistre.*

Après un sinistre, le patron doit:

(1) Voy. ci-après, pages 82 et 83.
(2) Voy. page 84.

1ᵉⁿᵗ Avertir de ce sinistre la compagnie d'assurance, sous peine de déchéance (Pol. A, art. 10, page 19, et Pol. C, art. 7, page 31; Trib. civ. Seine, 13 févr. 1878 et 13 août 1878; Paris, 29 janv. 1886; Trib. civ. Seine, 13 févr. 1788; Cass., 5 août 1891 et 21 oct. 1891; — à moins que la déclaration n'ait été retardée : 1° ou par un cas de force majeure (Trib. civ. Seine, 26 mars 1884); 2° ou par l'ignorance du préjudice causé par l'accident (Trib. civ. Lyon, 8 déc. 1869);

2ᵉⁿᵗ Fournir l'attestation prescrite par l'art. 10 de la Pol. A, page 19 sous peine de déchéance (Cass., 24 nov. 1890);

3ᵉⁿᵗ Remettre à la compagnie les citations qu'il a reçues de l'ouvrier sinistré ou du Parquet (Pol. B, art. 3, § 3, page 25, ou plutôt signifier cette citation à la compagnie, à peine de déchéance, un simple avis ne suffisant pas (Paris, 28 juin 1887);

4ᵉⁿᵗ Ne pas transiger avec l'ouvrier sinistré (Pol. B, art. 3, § 4, page 25);

5ᵉⁿᵗ Communiquer la police A à l'ouvrier sinistré ou à ses ayants droit (Trib. civ. Seine, 13 août 1885; Bordeaux, 20 nov. 1885; Paris, 21 juin 1888; art. 1372, 1373 et 1993, C. civ.);

6<sup>net</sup> Actionner directement la Compagnie (s'il juge qu'il y a lieu) dans le délai d'un an (Pol. B, art. 4, page 26) ; — et son action doit être portée devant le tribunal de commerce (Pol. A, art. 15, page 21 ; art. 631, Com. ; Trib. civ. Seine, 28 nov. 1885 ; Paris, 7 mars 1892 ; Trib. civ. Lyon, 5 août 1892) ;

7<sup>ent</sup> Mettre simplement en cause la Compagnie s'il le préfère, malgré la défense insérée dans l'art. 3 de la Pol. B, page 25 (Lyon, 16 nov. 1885) ;

8<sup>ent</sup> Faire constater l'accident par un médecin, si c'est lui, patron, qui en a été personnellement victime, et aviser la Compagnie, le tout dans les 48 heures de cet accident, et envoyer à la Compagnie, dans le délai de 8 jours, le certificat médical et l'attestation exigés par l'art. 11 de la Police D, page 42 ; sous peine de déchéance (Cass., 24 nov. 1890), à moins que l'accomplissement de ces formalités n'ait été retardé par un cas de force majeure (Trib. civ. Seine, 26 mars 1884).

# CHAPITRE II.

## Obligations des héritiers du patron.

### SECTION UNIQUE.

*Après un sinistre.*

Si le patron meurt des suites de l'accident ses ayants droit sont tenus :

1$^{ent}$ D'aviser du décès la Compagnie d'assurances par lettre chargée, sous peine de déchéance (Pol. D, art. 11, § 1$^{er}$, page 42, Trib. civ. Seine, 13 février 1878, et 13 août 1878; Paris, 29 janvier 1886; Trib. civ. Seine, 13 février 1887; Cass., 5 août 1891 et 21 oct. 1891; — à moins que la déclaration n'ait été retardée : 1° ou par un cas de force majeure (Trib. civ. Seine, 26 mars 1884); 2° ou par l'ignorance du préjudice causé par l'accident (Trib. civ. Lyon, 8 déc. 1869);

2$^{ent}$ De faire constater par un médecin l'accident arrivé au patron et d'aviser la Compagnie, le tout dans les 48 heures de l'accident, et envoyer à la Compagnie, dans le délai de 8 jours, le certificat médical et l'attestation exigés par l'art. 11 de la police D, page 42;

— sous peine de déchéance (Cass., 24 nov. 1890), à moins que l'accomplissement de ces formalités n'ait été retardé soit par un cas de force majeure (Trib. civ. Seine, 26 mars 1884) soit par l'ignorance du sinistre (Trib. civ. Lyon, 8 déc. 1869), soit par l'ignorance de l'existence de la police (Lyon, 12 décembre 1885).

# CHAPITRE III

## Obligations de l'ouvrier.

### SECTION UNIQUE

*Après un sinistre.*

L'ouvrier sinistré qui veut user de son droit d'actionner directement la Compagnie est tenu :

D'aviser la Compagnie dans les 48 heures de l'accident dont il a été victime (Pol, A, art. 10, § 1er, page 19), sous peine de déchéance, à moins : 1° que son patron n'ait lui-même rempli cette formalité; 2° ou que l'ouvrier n'ait pas eu connaissance de la police (Lyon, 12 déc. 1885).

Dans tous les cas, l'ouvrier est tenu :

1° De se laisser visiter par le médecin de la Compagnie (Pol. A, art. 11, § 2, page 20; Marseille, 3 août 1886);

2° D'introduire son action dans l'année du sinistre ( Pol. A, art. 5, § 3, page 16).

# CHAPITRE IV

## Obligations des héritiers de l'ouvrier.

### SECTION UNIQUE

*Après un sinistre.*

Après un sinistre qui a causé la mort de l'ouvrier, ceux de ses héritiers qui peuvent avoir droit à l'indemnité fixée par la police A (voyez page 13, article 2) doivent, s'ils veulent actionner directement la Compagnie d'assurance;

1ent Aviser la Compagnie dans les 48 heures du sinistre (Pol. A, art. 10, § 1er, page 19; (Trib. civ. Saint-Girons, 27 févr. 1894); — à moins que le patron de l'ouvrier décédé n'ait lui-même rempli cette formalité;

2ent Introduire leur action dans l'année du sinistre (Pol. A, art. 5, § 3, page 16).

4

# QUATRIÈME PARTIE

## DROITS DE L'ASSURÉ

---

## CHAPITRE PREMIER.

### Droits du patron.

#### SECTION PREMIÈRE

*Au cours de l'assurance.*

Au cours de l'assurance, le patron a le droit :

1<sup>ent</sup> De demander la résiliation de ses polices lorsqu'il cesse de faire travailler (Trib. civ. Seine, 17 nov. 1891) ;

2<sup>ont</sup> D'exiger une caution de la Compagnie si celle-ci tombait en faillite (art. 346, § 1<sup>er</sup>, C. com.) ;

3<sup>ont</sup> D'intenter à la Compagnie une action en résolution du contrat :

1° Lorsqu'il cesse de faire travailler (Trib. civ. Seine, 17 nov. 1891) ;

2° Si, étant tombée en faillite, la compagnie ne peut fournir la caution qui lui est demandée (Trib. civ. Seine, 20 déc. 1854; art. 346, § 1er, C. com.);

3° Si la Compagnie a cessé d'exister en fait et s'est mise dans l'impossibilité de tenir ses engagements (Trib. civ. Langres, 26 juil. 1883; Dijon, 2 avr. 1884; Cass., 20 oct. 1884);

4° Si elle a aliéné la totalité ou seulement une partie de son capital social. (Agen, 24 nov. 1885; Lyon, 29 déc. 1885; Paris, 12 janv. 1887; Cass., 10 déc. 1888);

5° Si, ayant cédé la totalité de son portefeuille, sous la forme fictive d'une réassurance générale, elle a en fait cessé d'exister et ne conserve qu'une existence illusoire (Cass., 17 avr. et 10 déc. 1888).

*Nota.* — Mais l'assuré n'a pas le droit de critiquer les modifications faites aux statuts de la Compagnie (Lyon, 14 févr. 1890).

Le patron a encore le droit d'invoquer, s'il y a lieu, la nullité du contrat. [Le contrat serait nul : 1° s'il était entaché d'erreur ou de violence (art. 1109 et suiv., C. civ.); 2° s'il n'était pas signé de l'assuré et de l'assureur.]

## SECTION DEUXIÈME

*Après un sinistre.*

Après un sinistre, le patron a le droit :

1$^{ent}$ De communiquer et de produire la police d'assurance collective (Trib. civ. Seine, 13 août 1885 ; Bordeaux, 20 nov. 1885 ; Paris, 28 juin 1887 et 21 juin 1888 ; art. 1993 C. civ.) ;

2$^{ent}$ De suivre personnellement le procès et de mettre en cause la Compagnie, malgré l'article 3 de la police B, page 25 (Lyon, 6 fév. 1887). — Mais il faut que la Compagnie ait refusé, par écrit, de suivre le procès ou qu'elle ait laissé sans réponse une sommation (1) à elle adressée par le patron (Trib. com. Bordeaux, 11 août 1887 ; Trib. civ. Seine, 12 juil. 1890).

(1) Voy. page 131, formule n° 8.

# CHAPITRE II

## Droits des héritiers du patron.

### SECTION UNIQUE

*Après un sinistre.*

### I

Si le patron, mort des suites de l'accident, n'a pas disposé du bénéfice de l'assurance, la somme assurée revient à sa veuve ou à ses enfants et, en l'absence de veuve et d'enfants, à ses père et mère (Pol. D, art. 3, page 36).

### II

Les autres héritiers n'ont aucun droit au bénéfice de l'assurance (Pol. D, art. 3, page 36). Il n'en est pas de même des droits réservés par l'art. 2 de la pol. D, page 36). Ces droits appartiennent, en cas de mort du patron, à tous ceux auxquels cette mort porte préjudice (C. civ., art. 1382).

# CHAPITRE III

## Droits de l'ouvrier.

### SECTION UNIQUE

*Après un sinistre.*

## I

Lorsqu'un ouvrier est blessé, il a le droit :

1° D'exiger de son patron la communication de la police A (Trib. civ. Seine, 13 août 1885; Bordeaux, 20 nov. 1885; Paris, 21 juin 1888 ; art. 1372, 1373 et 1993, C. civ.);

2° De réclamer directement à la Compagnie d'assurances l'indemnité fixée par la police A (Paris, 14 nov. 1874; Lyon, 7 juin 1878; Aix, 27 janv. 1880; Rouen, 25 juil. 1881; Dijon, 24 août 1881; Nîmes, 22 août 1881; Nîmes, 24 avr. 1882; Trib. civ. Versailles, 19 janv. 1883; Douai, 29 janv. 1884; Paris, 4 avr. 1884; Cass., 1er juil. 1885; Trib. civ. Seine, 13 août 1885; Paris, 30 oct. 1885; Bordeaux, 20 nov. 1885; Trib. civ. Seine, 7 févr. 1886; Douai, 15 févr. 1886; Toulouse, 16 avr. 1886; Trib. civ. Seine, 16 juil. 1886;

Aix, 14 oct. 1891 ; Rennes, 22 mars 1887 ;
Montpellier, 15 mai 1888 ; Trib. civ. Seine,
17 avr. 1892 ; art. 1372, C. civ.) ; mais à une
double condition :

1<sup>ent</sup> Que l'ouvrier prouve qu'il a subi la
retenue destinée à l'assurance (Trib. civ.
Largentière, 25 avr. 1895) ;

2<sup>ent</sup> Que la compagnie ne puisse pas op-
poser une déchéance résultant soit du non
paiement de la prime (Paris, 12 mars 1889)
soit de toute autre cause.

## II

Dans le cas où la Compagnie fait déclarer
la déchéance, — et la Compagnie peut op-
poser à l'ouvrier les mêmes exceptions qu'au
patron (Trib. civ. Seine, 27 fév. 1886), —
l'ouvrier a le droit de réclamer à son patron l'indemnité fixée par la police (art. 1372,
1374 et 1382, C. civ.)

## III

Si l'ouvrier a une action directe contre la
Compagnie pour le paiement de l'indemnité
fixée par la police collective, il n'en a point
pour le paiement de l'indemnité fixée par la

police de responsabilité civile (art. 1165, C. civ. Poitiers, 30 janvier 1880; Trib. civ. Seine, 29 juillet 1882, et 5 juillet 1883; Roanne, 22 avr. 1884; Trib. civ. Seine, 29 juillet 1882, et 5 juillet 1891).

Cela ne veut point dire que, si le patron ne pouvait pas payer l'indemnité qu'il aurait été condamné à payer à l'ouvrier, celui-ci ne pourrait pas actionner la Compagnie : car, aux termes de l'art. 1166 du Code civil, le créancier peut exercer tous les droits de son débiteur (Cass., 23 janv. 1888; Douai, 11 juil. 1895). Mais, préalablement, l'ouvrier devrait établir sa qualité de créancier (Cass., 13 juil. 1884; Montpellier, 15 mai 1888).

## CHAPITRE IV

**Droits des héritiers de l'ouvrier. — Droits de sa veuve, de ses enfants et de ses père et mère.**

### SECTION UNIQUE

*Après un sinistre.*

## I

Si l'accident a causé la mort de l'ouvrier,

ses héritiers n'ont aucun droit à l'indemnité
fixée par la police, à l'exception : 1° de sa
veuve; 2° de ses enfants, s'ils sont mineurs ;
3° et de ses père et mère, s'ils sont âgés d'au
moins 60 ans (Pol. A, art. 2, page 13).

## II

Quant à l'indemnité qui est due par le
patron, elle peut être réclamée, non seulement par la veuve de l'ouvrier sinistré, par
ses enfants mineurs et par ses père et mère,
mais encore par tous autres parents qui jus-
tifieraient que l'ouvrier était leur soutien.
(C. civ., art. 1382).

# CINQUIÈME PARTIE

## DROITS DE LA COMPAGNIE D'ASSURANCES

---

## CHAPITRE PREMIER

### Au moment de la signature de la police.

Au moment de la signature des polices, la Compagnie a le droit d'exiger le paiement de la première prime (voy. ci-dessus, page 55, section deuxième, 1°).

---

## CHAPITRE II

### Au cours de l'assurance.

Au cours de l'assurance la Compagnie a le droit :

1° D'exiger le paiement des primes ;

2° De résilier la police si les primes échues ne sont pas payées (Pol. A, art. 8, § 6, page 18; Pol. C. art. 6, § 3, page 31; Pol. D, art. 9, § 4, page 41);

3° De faire vérifier en tous temps l'exactitude des relevés des feuilles de paye (Pol. A, art. 8, § 5, page 18);

4° De suspendre les effets de l'assurance, si le patron tombe en faillite (Pol. A, art. 14, § 3, page 21; Pol. C, art. 6, § 1er, page 30).

## CHAPITRE III

### Après un sinistre.

Après un sinistre, la Compagnie a le droit :

1ent De résilier les polices, par simple lettre chargée (Pol. A, art. 13, § 2, page 20; Pol. C, art. 6, § 3, page 31; Pol. D, art. 13, page 44);

2ent De conserver les primes payées et d'exiger les primes échues (Pol. A, art. 13, § 2, page 20; Pol. C, art. 6, § 4, page 31; Pol. D, art. 9, § 4, page 41);

3ent De transiger, au nom du patron, avec l'ouvrier sinistré (Pol. B, art. 3, § 4, page 25; Pol. C, art. 9, § 3, page 33);

4ent De refuser le paiement des indemnités fixées dans les polices :

1° Si toutes les primes échues n'ont pas été payées (Pol. A, art. 8, § 6, page 18; Pol. B, art. 1ᵉʳ, § 2, page 24; Pol. C, art. 5, § 1, page 29; Pol. D, art. 9, § 4, page 41);

2° Si le patron n'a pas fourni à la Compagnie, avant le 5 des mois de janvier, avril, juillet et octobre, le relevé des feuilles de paye (Pol. A, art. 8, §§ 4 et 6, page 18);

3° Si le patron a employé des moyens ou des documents mensongers pour induire la Compagnie en erreur (Pol. D, art. 12, § 4, page 44);

4° Si le patron avait fait une fausse déclaration ou une réticence soit dans les propositions d'assurances, soit dans les relevés des feuilles de paye sur le nombre des ouvriers, sur le mode d'exploitation de l'industrie, sur le montant des salaires par lui payés à ses ouvriers (Trib. com. Châlon-sur-Saône, 26 juin 1885; Cass., 11 janvier 1886; Paris, 10 novembre 1887; Cass., 29 avril 1889);

5° Si le patron n'a pas fait la déclaration du sinistre dans le délai fixé par la police (Trib. civ. Seine, 13 février 1878 et 13 août 1878; Paris, 29 janvier 1886; Trib. civ. Seine, 13 février 1887; Cass., 5 août 1891 et 21 octobre 1891); — à moins que la déclaration n'ait été retardée : 1$^{ent}$ ou par un cas de force majeure (Trib. civ. Seine, 26 mars 1884); 2$^{ent}$ ou par l'ignorance du préjudice causé par l'accident (Trib. civ. Lyon, 8 décembre 1869);

6° Si le sinistré a refusé de se laisser visiter par le médecin de la Compagnie (Pol. A, art. 11, § 2, page 20; Pol. D, art. 11, § 6, page 43; Trib. com.Marseille, 3 août 1886);

7° Si le sinistre est le résultat de l'inobservation des lois, décrets et ordonnances visées par l'article 7 de la police A, par l'art. 10 de la police C et par l'art. 7 de la police D ; mais seulement lorsque cette infraction constitue une faute lourde (voy. page 144, XIX, § 4);

8° Si le sinistré s'est suicidé; Trib. civ. Seine, 18 mars 1891), mais il faut que le suicide ait été volontaire et conscient (Trib. civ. Lyon, 17 février 1891; Trib. civ. Seine, 18 mars 1891); et c'est à la Compagnie à prouver le suicide (Cass. 3, août 1876; Trib. civ. Seine, 13 mars 1884, 2 février 1887, 18 mars 1889 et 22 mai 1890; Paris, 13 novembre 1890; Trib. civ. Seine, 22 avril 1891);

9° Si les infirmités sont les résultats d'actes volontaires (voy. page 49, chap. V § 5);

10° Si le sinistré n'a laissé ni veuve, ni enfant, ni père, ni mère (Pol. A, art. 2, page 13;

Pol. D, art. 3, page 36 ; Trib. civ. Seine, 25 février 1886 ; Nancy, 6 avril 1886 ; Trib. civ. Pontarlier, 29 avril 1886) ;

11° Si, l'accident étant arrivé au patron lui-même, les formalités prescrites par l'art. 11 de la police D, page 42, n'avaient pas été remplies dans les délais fixés par cet article (Trib. civ. Toulouse, 28 juin 1886 ; Cass., 24 décembre 1890) ; à moins que l'accomplissement de ces formalités n'ait été retardé : 1° ou par un cas de force majeure (Trib. civ. Seine, 26 mars 1884; 2° ou par l'ignorance du sinistre (Trib. civ. Lyon, 8 décembre 1869); 3° ou par l'ignorance de l'existence de la police ;

12° Si l'action n'a pas été intentée dans l'année de l'accident (Pol. A, art. 5, § 3, page 16 et Pol. B, art. 4, page 26 ; Pol. C, art. 8, § 4, page 32; Pol. D, art. 14, page 45). — Mais il n'est pas inutile de faire remarquer que la prescription ne peut pas être invoquée par la Compagnie : 1° lorsque l'inaction est justifiée par son ignorance du dommage et sa bonne foi (Trib. civ. Lyon, 8 décembre 1869 ; Aix, 19 mars 1884; Paris, 29 janvier 1886; Trib. com. Bordeaux, 11 mai 1891; Cass., 21 décembre 1891); 2° lorsque des pourparlers existent entre la Compagnie et l'Assuré au sujet du règlement du sinistre, ces pourparlers ayant pour effet d'interrompre la prescription (Trib. civ. Seine, 7 juillet 1883 et 16 juillet 1886); et si la prescription a été interrompue, elle ne peut s'accomplir que par les délais de droit commun (Paris, 28 novembre 1889).

Il faut, enfin noter que la Compagnie a le droit d'invoquer contre le sinistré et ses ayants cause la déchéance résultant du retard dans la déclaration du sinistre ou dans l'envoi de l'attestation à moins : 1° que le mal causé par l'accident n'ait été connu qu'après l'expiration des délais fixés par la police, auquel cas le délai ne commencerait à courir qu'au moment où le mal a pu être apprécié (Trib. civ. Lyon, 8 décembre 1869); 2° ou que la déclaration n'ait été retardée par un cas de force majeure (Trib. civ. Seine, 26 mars 1884; Paris, 29 janvier 1886; Limoges, 20 octobre 1887; Trib. civ. Seine, 17 novembre 1887; Grenoble, 30 novembre 1888).

# SIXIÈME PARTIE

## OBLIGATIONS DE LA COMPAGNIE D'ASSURANCES

---

## CHAPITRE UNIQUE

### Après un sinistre.

### I

Après un sinistre, la Compagnie a le devoir :

1° De diriger le procès intenté par l'ouvrier à son patron (Pol. B, art. 3, § 2 , page 25) ;

2° De payer les frais des constatations médicales (Pol. A, art. 11, § 1er, page 19) ;

3° De payer les indemnités stipulées dans les polices (Pol. A, art. 1er, page 13 ; Pol. B, art. 1er, page 25 ; Pol. C, art. 1er, page 27 ; Pol. D, art. 3, § 1ec, page 36) ;

4° De garantir le patron des condamnations, prononcées contre lui au profit de l'ouvrier sinistré (Pol. B, art. 1$^{er}$, § 1$^{er}$, page 23) pourvu que le patron se soit conformé à toutes les conditions générales et particulières de la police d'assurance collective (Pol. B, art. 1$^{er}$, § 2, page 24).

## APPENDICE PREMIER

**Six textes à lire.** § Iᵉʳ. — Proposition

*Police n°* ...........

| | |
|---|---|
| Nom a proposant ou raison sociale ........ | |
| Domicile ........ | |
| Profession ........ | |
| Localité où s'exercent les travaux ........ | |
| Nature des Travaux ........ | |
| Travaille-t-on la nuit? ........ | |
| Quel est le nombre et le genre de machines, ateliers ou mécaniques employés? ........ | |
| Y a-t-il des scies ou autres outils mécaniques? ........ | |
| Leur nombre et leur nature. ........ | |
| Quel est le nombre et la force des chaudières à vapeur ou hydrauliques ou à gaz? ........ | |
| Les chaudières sont-elles en dehors des ateliers? ........ | |
| Le proposant fait-il partie d'une association pour la surveillance des chaudières à vapeur? ........ | |
| Tout le personnel est-il compris dans l'assurance? ........ | |

| INDEMNITÉS GARANTIES | En cas du décès un capital de ........ <br> En cas d'incapacité permanente et absolue de ........ <br> En cas d'incapacité permanente de la profession ........ <br> En cas de mutilation partielle une indemnité ........ <br> En cas d'incap. temporaire une allocat. quoti- <br> PRIME |
|---|---|

d'assurance collective

| | Hommes | Femmes | Enfants |
|---|---|---|---|
| Quel est le nombre d'ouvriers ou d'ouvrières à ce jour? | | | |
| Quelles sont leurs occupations par groupe? | | | |
| Existe-t-il un service de charrois, camionnage ou transports dans l'établissement? | | | |
| Indiquer le nombre de charretiers. | | | |
| Quel est approximativement le total du salaire annuel. | | | |
| Y a-t-il des ouvriers ou ouvrières recevant partie de leur salaire en nature? (logement, nourriture, etc.). | | | |
| Emploie-t-on quelquefois des ouvriers à des travaux autres que ceux rentrant à l'industrie sus-désignée? | | | |
| Dans l'affirmative déterminer les travaux effectués. | | | |
| Effet de la Police. | | | |
| Durée de la Police. | | | |

| tout travail une ........ | Droits de timbre ........ |
|---|---|
| une indemnité fixe de ........ | Responsabilité civile { Un capital de ........ |
| fixe de ........ | Prime ........ |
| dienne de ........ | |

Le soussigné .......... reconnaît .......... avoir répondu sincèrement aux questions posées dans la proposition et déclare accepter formellement cette proposition comme base d'assurance.

*Fait à* ..........

Le PROPOSANT

189

## § II. — Proposition d'assurance individuelle

N° _____

Je soussigné (1) _____

déclarant être né le (2) _____ à (3) _____

_____ et demeurer à _____

propose à la Compagnie de m'assurer en cas d'accidents

la somme de _____

payable en cas de mort, à (4) _____

la somme de _____

payable, à moi-même, en cas d'infirmité du 1er degré; laquelle somme sera réduite à la moitié, en cas d'infirmité du 2me degré; au quart, en cas d'infirmité du 3me degré; au sixième, en cas d'infirmité du 4me degré; en dixième, en cas d'infirmité du 5me degré, et en cas d'incapacité temporaire, une indemnité quotidienne de _____

moyennant une prime annuelle de _____

(1) Nom, prénoms, profession.
(2) La date en toutes lettres.
(3) Le nom de la Commune, de l'Arrondissement et du Département.
(4) Désigner le bénéficiaire.

**Les réponses aux questions ci-dessous doivent être écrites de la main du proposant**

Déclarez-vous n'être atteint d'aucune maladie ou infirmité grave et permanente? _____

Êtes-vous déjà assuré contre les accidents? _____

A quelle Compagnie? Pour quelle somme? _____

Avez-vous déjà été assuré? Dans l'affirmative, à quelle Compagnie? _____

Pour quelle raison ne l'êtes-vous plus? _____

Avez-vous déjà été victime d'un accident? _____

Si oui, lequel? _____

Avez-vous été indemnisé par une Compagnie? _____

Quelle est votre profession? _____

Y ajoutez-vous d'autres occupations? _____

Prenez-vous part manuellement à des travaux quelconques? _____

Montez-vous en vélocipède? _____

Déclarez-vous ne rien cacher de ce qui pourrait influencer la Compagnie à l'égard de votre proposition? _____

Je soussigné, certifie exactes et sincères les déclarations qui précèdent, me soumettant aux dispositions des 1er et 2me paragraphes de l'article 8 des Conditions générales de la Police, ainsi conçus:

ART. 8. — Les déclarations du contractant ou du tiers assuré contenues dans la proposition qui précède la Police, servent de base au contrat. — Toute réticence, toute dissimulation d'infirmité ou de maladie, toute déclaration fausse ou inexacte sur la nature du travail ou des occupations de l'Assuré, font perdre tous droits à l'assurance, et les primes payées ou échues sont acquises à la Compagnie.

A _____ le _____ 18_____

L'AGENT.                    LE PROPOSANT.

## § III. — Avenant nᵒ 1.

Entre la Compagnie                    et M.
souscripteur de la Police collective Nᵒ              · et
de son annexe, même Nᵒ        .

Il est entendu qu'à partir du 1ᵉʳ janvier mil huit
cent quatre-vingt        , les apprentis du souscripteur
sont compris dans l'assurance et le décompte des primes se fera sur un salaire mensuel, fixé à forfait à cinquante francs par apprenti.

Les indemnités en cas d'accidents seront réduites à
la moitié de celles déterminées par la Police collective
Nᵒ        , et son annexe même Nᵒ            .

Sont considérés comme apprentis, les enfants âgés
de douze à seize ans inclusivement.
et ce, sans aucune autre dérogation aux conditions
générales et particulières du contrat.

Fait triple à              le        18    .

Pour la Compagnie,

*Le Souscripteur,*          *Un Administrateur,*

Vu pour prendre effet le        .

*Le Directeur,*

## § IV. — Avenant nᵒ 2.

Entre la Compagnie              et M.
souscripteur de la Police collective Nᵒ        .

Il est entendu que les femmes travaillant pour le
compte du souscripteur sont comprises dans l'assurance

et le décompte des primes se fera sur un salaire mensuel fixé à forfait à cinquante francs par femme.

Les indemnités en cas d'accidents seront réduites à la moitié de celles déterminées par la Police collective N°     , et ce sans aucune autre dérogation aux conditions générales et particulières du contrat.

Fait triple, à          le          189     .

Pour la Compagnie,

*Le Souscripteur,*          *Un Administrateur,*

Vu le

*Le Directeur,*

## § V. — Relevé des feuilles de paye

Cette feuille doit parvenir à la Compagnie dans les dix premiers jours qui suivent chaque échéance. Lorsqu'elle ne comporte aucun résultat ou que ce résultat est insignifiant, l'assuré doit, en outre, donner à la Compagnie des explications à cet égard.

du    jour où s'est arrêtée ma dernière déclaration, au    inclusivement

Colonne réservée à la Cie.   Fr.   C.

### 1° Prime calculée sur le montant des salaires

| NOMBRE. | PROFESSION | MONTANT TOTAL | | |
|---|---|---|---|---|
| (A) | Ouvriers | Salaires Francs | à ... | Prime |
| | d° | d° | à | d° |
| | d° | d° | à | d° |

### 2° Prime par Journée de travail

| NOMBRE | PROFESSION | NOMBRE TOTAL | | |
|---|---|---|---|---|
| (A) | Ouvriers | Journées de 10ʰ | à 0.07 | Prime |
| | d° | d° | à 0 | d° |
| | d° | d° | à 0 | d° |

PRIME NETTE.....

Droit d'admission pendant la 1ʳᵉ année, sur _____ ouvriers ( _____ )
Frais de timbre et répertoire, 0.50 % de la prime nette, minimum 0.20...
Coût de la police et timbre-quittance. ..................

TOTAL...

(B) Montant du forfait versé par anticipation...........

d' à _____ le _____ 188   Diffᶜᵉ { à reverser par l'assuré... / à ristourner par la Cie...

CERTIFIÉ CONFORME A MES ÉCRITURES :

( Ne pas oublier )   Le Souscripteur,
( de dater et signer )

Toute déclaration non signée par l'assuré sera nulle et non avenue.

(A) Partie à remplir par l'assuré quand la prime est établie { 1° à tant p. % des salaires. / 2° par journée de travail. } sans omettre d'indiquer le nombre d'ouvriers
(B) Si la prime est établie à forfait, cette feuille n'est fournie par l'assuré qu'à la fin de chaque année d'assurance et donne lieu à un supplément ou à un remboursement de prime.

## § VI. — Tableau synoptique des compagnies d'assurances contre les accidents, existant en 1896.

| | NOMS DES COMPAGNIES, classées par rang d'ancienneté. | DATE DE LA FONDATION. | SIÈGE SOCIAL. | CAPITAL SOCIAL. | SOMMES VERSÉES SUR LE CAPITAL SOCIAL. | NOMBRE DES ACTIONS. | VALEUR NOMINALE DE CHAQUE ACTION. | SOMMES VERSÉES SUR CHAQUE ACTION. | DIVIDENDES PAYÉS EN 1895. | COURS DES ACTIONS AU MOIS DE MARS 1896 |
|---|---|---|---|---|---|---|---|---|---|---|
| 1 | Le Soleil, la Séc. génér. et la Resp. civ. | 1875 | Paris | 10.000.000 | 2.500.000 | 20.000 | 500 | 125 | 17.50 | 420 |
| 2 | Compagnie générale.................. | 1876 | — | 3.000.000 | 750.000 | 6.000 | 500 | 125 | » » | 20 |
| 3 | Union industrielle et agricole du Nord . | 1876 | — | 400.000 | | 800 | 500 | 125 | » » | » |
| 4 | Le Secours......................... | 1880 | — | 10.000.000 | 2.500.000 | 20.000 | 500 | 125 | 7.50 | 190 |
| 5 | L'Urbaine et la Seine................ | 1880 | — | 12.000.000 | 3.000.000 | 24.000 | 500 | 125 | 17.00 | 420 |
| 6 | Le Patrimoine...................... | 1880 | — | 5.000.000 | 1.250.000 | 10.000 | 500 | 125 | 3.50 | 130 |
| 7 | La Prévoyance .................... | 1880 | — | 2.000.000 | 500.000 | 4.000 | 500 | 125 | 25.00 | » |
| 8 | Caisse générale des Familles.......... | 1881 | — | 3.000.000 | 750.000 | 6.000 | 500 | 125 | » » | 50 |
| 9 | L'Abeille .......................... | 1881 | — | 4.000.000 | 1.000.000 | 8.000 | 500 | 125 | 8.00 | 300 |
| 10 | La Providence...................... | 1881 | — | 5.000.000 | 1.750.000 | 10.000 | 500 | 125 | 20.00 | 550 |
| 11 | La Française ....................... | 1884 | — | 503.000 | 500.000 | 1.000 | 500 | 500 | » » | » |
| 12 | La Réparatrice...................... | 1894 | — | 750.000 | | 3.000 | 250 | 250 | » » | 250 |

# APPENDICE II

§ Iᵉʳ. — **Loi du 19 mai 1874, sur le travail des enfants, et des filles mineures, employés dans l'industrie.**

ART. 1ᵉʳ. — Les enfants et les filles mineures ne
peuvent être employés à un travail industriel, dans les
manufactures, fabriques, usines, mines, chantiers et
ateliers, que sous les conditions déterminées dans la
présente loi.

ART. 2. — Les enfants ne pourront être employés
par des patrons, ni être admis dans les manufactures,
usines, ateliers ou chantiers, avant l'âge de douze ans
révolus.

Ils pourront être, toutefois, employés à l'âge de dix
ans révolus dans les industries spécialement déterminées
par un règlement d'administration publique, rendu
sur l'avis conforme de la Commission supérieure ci-
dessous instituée.

ART. 3. — Les enfants, jusqu'à l'âge de douze ans
révolus, ne pourront être assujettis à une durée de

travail de plus de six heures par jour, divisées par un repos.

A partir de douze ans, ils ne pourront être employés plus de douze heures par jour, divisées par des repos.

ART. 4. — Les enfants ne pourront être employés à aucun travail de nuit jusqu'à l'âge de seize ans révolus.

La même interdiction est appliquée à l'emploi des filles mineures de seize à vingt et un ans, mais seulement dans les usines et manufactures.

Tout travail entre neuf heures du soir et cinq heures du matin est considéré comme travail de nuit.

Toutefois, en cas de chômage résultant d'une interruption accidentelle et de force majeure, l'interdiction ci-dessus pourra être temporairement levée et pour un délai déterminé par la Commission locale ou l'inspecteur ci-dessous institué, sans que l'on puisse employer au travail de nuit des enfants âgés de moins de douze ans.

ART. 5. — Les enfants âgés de moins de seize ans et les filles âgées de moins de vingt et un ans, ne pourront être employés à aucun travail, par leurs patrons, les dimanches et fêtes reconnues par la loi, même pour rangement de l'atelier. (Voy. Décr. du 14 mai 1875.)

ART. 6. — Néanmoins, dans les usines à feu continu, les enfants pourront être employés la nuit ou les dimanches et jours fériés aux travaux indispensables. (Voy. Décr. du 22 mai 1875.)

Les travaux tolérés et le laps de temps pendant lequel ils devront être exécutés, seront déterminés par des règlements d'administration publique.

Ces travaux ne seront, dans aucun cas, autorisés que pour des enfants âgés de douze ans au moins.

On devra, en outre, leur assurer le temps et la liberté nécessaires pour l'accomplissement des devoirs religieux.

ART. 7. — Aucun enfant ne peut être admis dans les travaux souterrains des mines, minières et carrières, avant l'âge de douze ans révolus.

Les filles et femmes ne peuvent être admises dans ces travaux.

Les conditions spéciales du travail des enfants de douze à seize ans, dans les galeries souterraines, seront déterminées par des règlements d'administration publique. (Voy. Décr. du 12 mai 1875.)

ART. 8. — Nul enfant, ayant moins de douze ans révolus, ne peut être employé par un patron qu'autant que ses parents ou tuteur justifient qu'il fréquente actuellement une école publique ou privée.

Tout enfant admis avant douze ans dans un atelier devra, jusqu'à cet âge, suivre les classes d'une école pendant le temps libre du travail.

Il devra recevoir l'instruction pendant deux heures au moins, si une école spéciale est attachée à l'établissement industriel.

La fréquentation de l'école sera constatée au moyen d'une feuille de présence, dressée par l'instituteur et remise chaque semaine au patron.

ART. 9. — Aucun enfant ne pourra, avant l'âge de quinze ans accomplis, être admis à travailler plus de six heures chaque jour, s'il ne justifie, par la production d'un certificat de l'instituteur ou de l'inspecteur primaire, visé par le maire, qu'il a acquis l'instruction primaire élémentaire.

Ce certificat sera délivré sur papier libre et gratuitement.

ART. 12. — Des règlements d'administration publique détermineront les différents genres de travaux, présentant des causes de danger ou excédant leurs forces, qui seront interdits aux enfants dans les ateliers où ils seront admis. (Voy. Décr. du 13 mai 1875.)

ART. 13. — Les enfants ne pourront être employés dans les fabriques et ateliers indiqués au tableau officiel des établissements insalubres ou dangereux, que sous les conditions spéciales déterminées par un règlement d'administration publique. (Voy. Décr. du 14 mai 1875.)

Cette interdiction sera généralement appliquée à toutes les opérations où l'ouvrier est exposé à des manipulations, ou à des émanations préjudiciables à sa santé.

En attendant la publication de ce règlement, il est interdit d'employer les enfants âgés de moins de seize ans :

1° Dans les ateliers où l'on manipule des matières explosibles et dans ceux où l'on fabrique des mélanges détonants, tels que poudre, fulminate, etc., ou tous autres éclatant par le choc ou par le contact d'un corps enflammé ;

2° Dans les ateliers destinés à la préparation, à la distillation ou à la manipulation de substances corrosives, vénéneuses, et de celles qui dégagent des gaz délétères ou explosibles.

La même interdiction s'applique aux travaux dangereux ou malsains, tels que :

L'aiguisage ou le polissage à sec des objets en métal et des verres ou cristaux ;

Le battage ou grattage à sec des plombs carbonatés dans les fabriques de céruse ;

Le grattage à sec d'émaux à base d'oxyde de plomb dans les fabriques de verre dits *de mousseline;*

L'étamage au mercure des glaces ;

La dorure au mercure.

Art. 14. — Les ateliers doivent être tenus dans un état constant de propreté et convenablement ventilés.

Ils doivent présenter toutes les conditions de sécurité et de salubrité nécessaires à la santé des enfants.

Dans les usines à moteurs mécaniques, les roues, les courroies, les engrenages ou tout autre appareil, dans le cas où il aura été constaté qu'ils présentent une cause de danger, seront séparés des ouvriers de telle manière que l'approche n'en soit possible que pour les besoins du service.

Les puits, trappes et ouvertures de descente doivent être clôturés.

. . . . . . . . . .

. . . . . . . . . .

Art. 25. — Les manufacturiers, directeurs ou gérants d'établissements industriels et les patrons qui auront contrevenu aux prescriptions de la présente loi et des règlements d'administration publique relatifs à son exécution, seront poursuivis devant le tribunal correctionnel et punis d'une amende de seize à cinquante francs.

L'amende sera appliquée autant de fois qu'il y a eu de personnes employées dans des conditions contraires à la loi, sans que son chiffre total puisse excéder cinq cents francs.

Toutefois, la peine ne sera pas applicable si les manufacturiers, directeurs ou gérants d'établissements industriels et les patrons établissent que l'infraction à la loi a été le résultat d'une erreur provenant de la production d'actes de naissance, livrets ou certificats contenant de fausses énonciations, ou délivrés pour une autre personne.

Les dispositions des articles 12 et 13 de la loi du 22 juin 1854 sur les livrets d'ouvriers, seront, dans ce cas, applicables aux auteurs des falsifications.

Les chefs d'industrie sont civilement responsables des condamnations prononcées contre leurs directeurs ou gérants.

ART. 30. — Les articles 2, 3, 4 et 5 de la présente loi sont applicables aux enfants placés en apprentissage et employés à un travail industriel.

## § II. — Ordonnance de police (1) du 12 mai 1881, concernant les échafaudages fixes ou mobiles établis sur la voie publique.

### Titre Ier. — Échafaudages fixes, scellés ou non dans les murs de face.

ART. Ier. — Tout échafaud fixe, scellé ou non dans un mur de face et portant sur le sol, aura ses planchers garnis de garde-corps sur les trois côtés faisant face au vide.

ART. 2. — Les planches placées en travers des boulins horizontaux, pour former plancher, devront être placées jointives et être assez longues pour porter au moins sur trois boulins.

(1) Les ordonnances de police ne s'appliquent pas seulement à Paris; elles s'appliquent aussi aux arrondissements de Sceaux et de Saint-Denis. (Voy. loi du 16 juin 1859, concernant l'extension des limites de Paris, et le décret du 31 octobre 1859.)

ART. 3. — Les garde-corps auront 0ᵐ,90 de hauteur au moins ; ils seront ou pleins ou composés d'une traverse d'appui solidement fixée. Quand ils ne seront pas pleins, le plancher devra être entouré d'une plinthe ayant au minimum 0ᵐ,25 centimètres de hauteur.

ART. 4. — Tout échafaudage fixe dont la hauteur au-dessus du sol dépassera six mètres sera muni d'un plancher de sûreté construit dans les conditions indiquées à l'article 2 ci-dessus et posé à quatre mètres environ au-dessus du sol de la rue.

ART. 5. — Partout où travailleront les ouvriers sur un échafaudage fixe, il sera disposé des toiles pour arrêter les poussières et empêcher la chute sur la voie publique des éclats de pierre ou de plâtre.

### Titre II. — Échafaudages fixes en bascule et en saillie sur le mur de face.

ART. 6. — Les pièces posées en bascule, pour recevoir l'échafaudage, seront de fort équarrissage, si elles sont en charpente ; de gros échantillons si elles sont en fer. Elles recevront un plancher de madriers qui reposeront sur trois traverses au moins. Les dispositions des articles 1, 2, 3 et 5 ci-dessus sont applicables aux échafaudages établis en bascule.

ART. 7. — Il est fait exception pour les échafaudages légers employés sur les toits. Toutefois, ces échafaudages devront reposer sur trois traverses fixées solidement aux parties résistantes de la construction et être munis sur le côté faisant face au vide, d'un garde-corps et d'une plinthe disposés convenablement.

*Titre III. — Échafaudages mobiles ou fixes suspendus par des cordages.*

ART. 8. — Tout échafaudage mobile aura son plancher garni d'un garde-corps sur ses quatre faces, et sera suspendu par trois cordages, au moins.

ART. 9. — Le plancher, qu'il soit en métal ou en bois, sera composé de fortes pièces solidement assemblées.

ART. 10. — Les garde-corps seront composés d'une traverse d'appui posée à la hauteur de $0^m,90$ sur les trois côtés faisant face au vide, et de $0^m,70$ sur le côté faisant face à la construction. Cette traverse sera portée par des montants espacés de $1^m,50$ au plus et solidement fixés au plancher, en outre, il y aura par le bas une plinthe de $0^m,25$ de hauteur au moins.

Cet ensemble de plancher et de garde-corps formant ce qu'on appelle *la Cage* devra être assemblé et rendu fixe dans toutes ses parties avant la suspension.

ART. 11. — Les cordages de suspension s'adapteront à des étriers en fer passant sous le plancher, garnis en haut d'un crochet en spirale, et établis, de manière à supporter par un épaulement externe la traverse supérieure du garde-corps.

Ils se manœuvreront par des moufles amarrées ou fixées aux parties résistantes de la construction, telles que murs, pignons ou de refend, souches de cheminées, arbalétriers et pannes des combles, etc. Les chevrons, balcons, barres d'appui ou autres parties légères de construction ne pourront dans aucun cas servir à cet usage.

ART. 12. — Les dispositions des articles 8 et 9 et § I$^{er}$ de l'article 10 sont seules applicables aux échafaudages fixes suspendus par des cordages.

*Titre IV. — Échafaudages métalliques roulants.*

ART. 13. — L'échafaudage roulant sur les barres d'appui des balcons sera en fer et ne pourra contenir qu'un seul ouvrier.

Il sera muni sur le côté opposé au balcon d'un garde-corps, à une hauteur de 0<sup>m</sup>,50 et le siège en sera solidement fixé par l'armature.

*Titre V. — Dispositions générales.*

ART. 14. — Les prescriptions ci-dessus ne modifieront en rien les prescriptions du titre II de l'ordonnance de police du 25 juillet 1862, relativement aux travaux exécutés dans les propriétés riveraines de la voie publique. (Voy. ci-dessous, § III.)

ART. 15. — La présente ordonnance sera imprimée, publiée et affichée.

Le chef de la police municipale, le commissaire de police et les agents sous leurs ordres, ainsi que les architectes de la Préfecture de police, sont chargés, chacun en ce qui le concerne, d'en assurer l'exécution.

**§ III. — Ordonnance de police (1) du 25 juillet 1862, concernant la sûreté, la liberté et la commodité de la circulation.**

*Titre I<sup>er</sup>. — Travaux sur la voie publique.*

### CHAPITRE PREMIER

Fouilles et tranchées dans le sol de la voie publique. — Travaux pour l'établissement et l'entretien des conduites d'eau et gaz. — Travaux d'égoût.

(1) Voy. page 91, note 1.

*Section première. — Fouilles et tranchées.*

ART. 1er. — Il est défendu aux particuliers et à leurs entrepreneurs de faire aucune fouille, ni tranchée dans le sol de la voie publique sans autorisation spéciale du préfet de police. Toutefois cette permission n'est point exigée pour les travaux d'établissement, de renouvellement ou de réparation de conduites d'eau ou de gaz dont la durée ne devra pas excéder quarante-huit heures. Il suffira dans ce cas de prévenir le commissaire de police du quartier au commencement des travaux.

Aucune fouille ou tranchée, même autorisée par le préfet de police, ne pourra être commencée avant qu'il en ait été donné avis au commissaire de police du quartier.

*Deuxième section. — Travaux pour l'établissement et l'entretien des conduites d'eau et de gaz.*

ART. 2. — Les fouilles et tranchées seront remblayées autant que faire se pourra, au fur et à mesure des ouvrages.

ART. 3. — Les entrepreneurs, chargés des ouvrages et travaux, feront les dispositions convenables, pour que moitié, au moins, de la largeur des rues où ils travailleront, soit réservée à la circulation et qu'il ne puisse arriver d'accidents.

ART. 4. — Les terres provenant des fouilles seront retenues avec des plats-bords solidement fixés, de manière qu'elles ne puissent se répandre ni sur les trottoirs, ni sur le pavé réservé pour la circulation des piétons, et que l'écoulement des eaux reste toujours libre.

ART. 5. — Les terres des remblais seront pilonées avec soin, pour prévenir les affaissements et le pavé sera bloqué, de telle sorte qu'il se maintienne partout à la hauteur du pavé environnant.

Les terres et gravois qui ne pourraient être employés dans les remblais, seront enlevés immédiatement après le blocage du pavé.

ART. 6. — Les propriétaires et entrepreneurs pourvoiront au raccordement du pavé dans les quarante-huit heures de l'achèvement des travaux de pose et de réparation des conduites.

Ils seront tenus néanmoins d'entretenir les blocages en bon état jusqu'à ce que les raccordements aient été effectués.

ART. 7. — Les entrepreneurs, chargés de l'entretien des conduites des eaux de la ville, les propriétaires des conduites particulières d'eau et de gaz et leurs entrepreneurs seront tenus, dans le cas de rupture des conduites, et chacun pour ce qui le concerne, de mettre des ouvriers en nombre suffisant pour que les réparations en soient effectuées dans les vingt-quatre heures des avertissements qu'ils auront reçus du commissaire de police, agents d'administration ou même de tous particuliers.

Ils seront tenus provisoirement d'arrêter ou de faire arrêter, sur-le-champ, le service desdites conduites et de pourvoir à la sûreté de la voie publique, soit en comblant les excavations, soit en les entourant de barrières, en les éclairant pendant la nuit et en y posant au besoin des gardes.

*Troisième section. — Travaux d'égouts.*

ART. 8. — On ne pourra entreprendre des tra-

vaux d'égouts sur la voie publique que vingt-quatre
heures après avoir prévenu le commissaire de police du
quartier, lequel s'entendra avec l'ingénieur chargé de
la direction des travaux, pour donner les ordres nécessaires relativement à ce qui peut intéresser la liberté
de la circulation et la sûreté publique.

ART. 9. — Les entrepreneurs seront tenus de se conformer exactement aux dispositions que l'ingénieur et
le commissaire de police du quartier leur prescriront
de concert et sur place, pour la limite des fouilles ou
tranchées, le passage réservé aux piétons et aux voitures, s'il y a possibilité, le lieu de dépôt des équipages
et des matériaux, les endroits où devront être établis les
bassins à mortier, des passerelles et des ponts à voitures, l'éclairage pendant la nuit, et pour toutes les autres mesures de précaution nécessaires, à l'effet de prévenir les encombrements et les accidents.

ART. 10. — Avant l'ouverture des travaux, les parties
de la voie publique exclusivement réservées pour la
circulation, seront déterminées sur place, et celles qui
seront abandonnées aux travaux seront enceintes par
des barrières en charpente à hauteur d'appui, avec courant de lisses.

ART. 11. — L'enlèvement des terres sera fait, autant
que possible, à mesure des fouilles, de façon qu'il n'en
reste pas sur les bords des tranchées à la fin de la journée, et que les environs soient débarrassés des terres
qui tomberaient des voitures de transport.

ART. 12. — Les matériaux seront au fur et à mesure de la décharge qui en sera faite, rangés de manière à ne point nuire à l'écoulement des eaux pluviales et ménagères.

Il sera placé au-dessus de tout dépôt, un écriteau

6

peint en noir sur fond blanc, et indicatif des noms et demeure de l'entrepreneur à qui les travaux appartiendront.

ART. 13. — Sous aucun prétexte, il ne pourra être formé de chantier pour la taille des pierres sur la voie publique.

Le commissaire de police du quartier fera enlever d'office les pierres de taille et pavés qui y auraient été déposés, ainsi que les pierres meulières, bassins à mortier et équipages, placés à des endroits autres que ceux désignés à cet effet, et qui resteraient sur place après l'achèvement des travaux auxquels ils étaient destinés. Les matériaux ainsi enlevés seront portés aux décharges publiques ou en fourrière.

*Quatrième section. — Dispositions communes aux travaux faisant l'objet des trois sections qui précèdent.*

ART. 14. — Il est expressément défendu de rouler des brouettes sur les dallages des trottoirs, ou d'y faire passer les roues des voitures et d'y déposer des outils, équipages ou matériaux.

Tous les trottoirs dont l'enlèvement provisoire n'aura pas été autorisé, devront constamment rester libres pour la circulation des piétons.

ART. 15. — Dans le cas où il serait indispensable d'interdire momentanément la circulation aux voitures sur certains points de la voie publique, l'autorisation devra être obtenue du préfet de police par les particuliers ou leurs entrepreneurs. Nonobstant cette autorisation, le commissaire de police du quartier devra être prévenu avant l'établissement du barrage.

On devra placer à l'entrée des rues aboutissant aux

travaux, des poteaux supportant, à hauteur de trois mètres au moins, une inscription dont les caractères seront peints en noir sur fond blanc, et qui sera ainsi conçu : *Rue barrée aux voitures avec permission de l'Autorité :* ces poteaux devront être éclairés le soir au moyen d'une ou plusieurs appliques.

ART. 16. — Dans le cas où, en faisant des tranchées, on découvrirait des berceaux de caves, des fosses, des puits ou des égouts abandonnés, on sera tenu de déclarer immédiatement à la préfecture de police l'existence de ces caves, fosses, puits ou égouts pour nous mettre à même de les faire visiter, et de prescrire les mesures nécessaires.

ART. 17. — Les résidus retirés des fouilles qui seraient susceptibles de compromettre la salubrité publique seront enlevés et transportés aux voiries dans des voitures couvertes et qui ne laissent rien répandre sur le sol.

Les monnaies, médailles, armes, objets d'art ou d'antiquités et tous autres objets trouvés dans les fouilles, seront remis immédiatement au commissaire de police du quartier qui devra constater cette remise, sans préjudice s'il y a lieu, des droits attribués par la loi à l'auteur de la découverte.

Les débris humains seront soigneusement recueillis par l'entrepreneur pour être transportés au lieu de repos, à la diligence du commissaire de police du quartier.

ART. 18. — Les ateliers, les dépôts de meulières, de tuyaux de fonte et d'équipages, les bassins à mortier, ainsi que tous les points de la voie publique qui, par suite des ouvrages, pourraient présenter du danger pour la circulation, seront éclairés pendant la nuit avec des appliques placées et entretenues aux frais de l'entrepreneur et par ses soins, en nombre suffisant qui sera indiqué par le commissaire du quartier.

ART. 19. — L'entrepreneur sera tenu de placer sur les ateliers le nombre de gardiens nécessaires pour veiller jour et nuit au maintien du bon ordre. Il fera déposer aux heures prescrites par les règlements, dans les endroits accessibles aux voitures du nettoiement, les ordures ménagères provenant des maisons riveraines des parties barrées de la voie publique.

ART. 20. — Chaque année, les travaux ne pourront être entrepris avant le 1er mars, ils devront être terminés, le pavé rétabli et la voie publique débarrassée de tous décombres et immondices, avant le 15 du mois de novembre.

Ces travaux ne s'appliquent point aux travaux de simple réparation, ni à ceux qui ont pour objet la pose de petites conduites transversales, soit d'eau, soit de gaz.

ART. 21. — Le commissaire de police fera combler immédiatement toutes tranchées qui seraient ouvertes sur son quartier sans autorisation.

Sur sa réquisition, le pavé sera rétabli, dans les vingt-quatre heures, par les soins du directeur du service municipal tant sur les tranchées remblayées d'office, aux frais de qui de droit, que sur toute tranchée, comblée par suite de l'achèvement de travaux d'égouts ou d'établissement de conduites.

## CHAPITRE II

Travaux de pavage à la charge de la ville. — Travaux de pavage à la charge des particuliers. — Entretien des rues non pavées, construction et entretien des trottoirs.

*Première section. — Travaux de pavage à la charge de la ville.*

ART. 22. — Les entrepreneurs du pavé de Paris seront tenus de prévenir au moins vingt-quatre heures d'avance les commissaires de police des quartiers respectifs du jour où ils commenceront des travaux de pavage neuf ou de relevé à bout dans une rue.

ART. 23. — Ils ne pourront former leurs approvisionnements de matériaux que le jour même où les ouvrages commenceront.

Les pavés seront rangés et le sable retroussé, de manière à occuper le moins de place possible.

ART. 24. — Ils seront tenus de faire éclairer pendant la nuit par des appliques leurs matériaux et leurs chantiers de travail, de veiller à l'entretien de l'éclairage et de prendre les précautions nécessaires dans l'intérêt de la sûreté publique.

ART. 25. — Il leur est défendu de barrer les rues et portions de rues autres que celles dont le pavé sera relevé à bout et dont la largeur totale n'excédera pas 16 mètres 50 centimètres.

Toutefois, si des circonstances nécessitaient le barrage de rues, ayant plus de 16 mètres 50 centimètres de largeur, ce barrage pourra être établi après les communications d'usage entre la préfecture de la Seine et la préfecture de police.

ART. 26. — Lorsqu'il sera fait un relevé à bout aux

6.

abords des halles et marchés, des salles de spectacle, ou d'autres lieux très fréquentés, désignés dans l'état qui en sera dressé annuellement par les directeurs du service municipal et approuvé par le préfet de police, il ne devra être entrepris que la quantité d'ouvrage qui pourra être terminée dans la journée.

Dans le cas où il aurait été levé plus de pavé qu'il n'en était besoin, il sera bloqué, en sorte que la voie publique se trouve entièrement libre et sûre avant la retraite des ouvriers.

ART. 27. — Les entrepreneurs réserveront, dans les rues ou portion de rues barrées, un espace suffisant pour la circulation des gens de pied. Ils établiront au besoin, des planches solides et commodes pour la facilité du passage.

Ils prendront, en outre, des mesures convenables pour interdire aux voitures du public tout accès dans les rues ou portions de rues barrées. Ils placeront, à cet effet, des chevalets mobiles qui, en servant d'avertissement au public, laisseront la facilité de faire entrer et sortir les voitures des personnes demeurant dans l'enceinte du barrage.

Les mêmes précautions seront prises pour les rues latérales aboutissant aux rues barrées.

Il est défendu aux entrepreneurs de substituer des tas de pavés aux chevalets mobiles.

ART. 28. — Dans les rues qui ne seront point barrées, les entrepreneurs disposeront leurs ateliers de telle sorte qu'ils soient séparés les uns des autres par un intervalle de 15 mètres au moins, et que chaque atelier ne travaille que sur moitié de la largeur de la rue, afin de laisser l'autre moitié à la circulation des voitures.

Art. 29. — Les chantiers des travaux seront complètement débarrassés de tous matériaux, décombres, pavés de réforme, retailles, vieilles formes et autres résidus des ouvrages, dans les vingt-quatre heures, qui suivront l'achèvement des travaux pour les relevés à bout de pavages neufs, et au fur et à mesure de l'exécution des ouvrages pour les réparations simples et raccordements.

Art. 30. — Il est expressément défendu de troubler les paveurs dans leurs ateliers et de déplacer ou arracher les appliques, chevalets, pieux et barrières établis pour la sûreté de leurs ouvrages.

*Deuxième section. — Travaux de pavage à la charge des particuliers.*

Art. 31. — Il est enjoint aux propriétaires des maisons et terrains bordant les rues ou portions de rues pavées et dont l'entretien est à leur charge, de faire réparer chacun au-devant de sa propriété, les dégradations de pavé et d'entretenir constamment en bon état le pavé desdites rues.

Art. 32. — Ces propriétaires et leurs entrepreneurs seront tenus pour les approvisionnements et matériaux destinés aux réparations, pour l'exécution des ouvrages et l'enlèvement des résidus, de se conformer aux dispositions prescrites en la section précédente aux entrepreneurs du pavé à la charge de la ville.

Art. 33. — Il leur est défendu de barrer ni de faire barrer les rues pour l'exécution des travaux, sans y être autorisés par le préfet de police.

*Troisième section. — Entretien des rues non pavées.*

Art. 34. — Il est enjoint à tous propriétaires de

maisons ou terrains situés le long des rues ou portions de rues non pavées de faire combler, chacun au droit de soi, les excavations, enfoncements et ornières, enlever les dépôts de fumier, gravois, ordures et immondices, et de faire en un mot, toutes les dispositions convenables pour que la liberté et la sûreté de la circulation et la salubrité ne soient point compromises. Ils seront tenus d'entretenir constamment en bon état lesdites rues et de conserver ou rétablir les pentes nécessaires pour procurer aux eaux un écoulement facile.

Les rues non pavées, qui deviendront impraticables pour les voitures, seront barrées, de manière que tous accidents soient prévenus.

*Quatrième section. — Construction des trottoirs.*

ART. 35. — On ne pourra construire aucun trottoir sur la voie publique, sans en avoir obtenu la permission de M. le préfet de police.

ART. 36. — Les entrepreneurs chargés de ces constructions seront tenus de prévenir au moins vingt-quatre heures d'avance, les commissaires de police des quartiers respectifs, du jour ou ils commenceront les travaux et de leur représenter les autorisations dont ils auront dû se pourvoir.

ART. 37. — La construction de deux trottoirs sur les deux côtés d'une rue ne pourra être simultanément entreprise, à moins que les ateliers ne soient séparés par un intervalle d'au moins 50 mètres.

ART. 38. — Avant de commencer les travaux les entrepreneurs feront établir une barrière à chaque extrémité des ateliers afin d'en interdire l'accès public.

Art. 39. — Les matériaux destinés aux constructions seront apportés au fur et à mesure des besoins et seront rangés sur les emplacements destinés aux trottoirs sans que la largeur en soit excédée.

Art. 40. — Les pavés arrachés qui ne devront point servir au raccordement seront enlevés et transportés, dans le jour, hors de la voie publique, à la diligence des entrepreneurs de la construction des trottoirs.

Art. 41. — Il sera pris les mesures nécessaires pour que les eaux ménagères et pluviales s'écoulent sous les trottoirs au moyen de gargouilles ou conduits souterrains pratiqués à cet effet.

Art. 42. — Lorsqu'un trottoir sera coupé par un passage de porte cochère ou qu'il ne sera point prolongé au-devant des maisons voisines, il sera établi des pentes douces aux points d'interruption, pour rendre moins sensible la différence de niveau entre le sol du trottoir et celui de la rue.

Art. 43. — Les propriétaires et entrepreneurs feront éclairer, à leurs frais, les ateliers pendant la nuit, au moyen d'appliques ou lanternes en nombre suffisant.

Art. 44. — Aussitôt que la construction d'un trottoir sera terminée, il sera procédé immédiatement au raccordement du pavé par l'entrepreneur du pavage municipal, sur l'avertissement qui lui en sera donné à l'avance par l'entrepreneur du trottoir.

Art. 45. — Les barrières, matériaux, terres, gravois et autres résidus des ouvrages seront immédiatement enlevés aux frais et par les soins du propriétaire ou de l'entrepreneur du trottoir.

Il est défendu de livrer le trottoir à la circulation avant d'avoir pourvu au recouvrement des gargouilles

et d'avoir pris les mesures convenables pour la sûreté et
la commodité du passage.

*Cinquième section. — Entretien des trottoirs.*

ART. 46. — Les dégradations des trottoirs seront
réparées aux frais de qui de droit à la diligence du
directeur du service municipal, dans les vingt-quatre
heures de la réquisition qui lui en aura été adressée par
le préfet de police.

ART. 47. — Les entrepreneurs qui procéderont aux
réparations seront tenus, lorsque les ouvrages ne pourront être faits dans la journée où ils auront été entrepris de prévenir les commissaires de police des quartiers respectifs pour les mettre à portée de prescrire
les mesures nécessaires relativement au dépôt des matériaux à l'éclairage pendant la nuit et à toutes autres
précautions que pourra réclamer la sûreté publique.

## Titre II. — Travaux exécutés dans les propriétés riveraines de la voie publique.

### CHAPITRE I

*Constructions et réparations.*

ART. 48. — Il est défendu de procéder à aucune
construction ou réparation des murs de face ou de
clôture des bâtiments et terrains riverains de la voie
publique, sans avoir justifié au commissaire de police
du quartier où se feront les travaux de la permission
qui aura dû être délivrée à cet effet par M. le préfet de
la Seine.

Art. 49. — Dans le cas de construction, on ne devra commencer les travaux qu'après avoir établi une barrière en charpente et planches jointives ayant au moins 2 mètres 25 centimètres de hauteur.

Cette barrière ne pourra être posée qu'avec l'autorisation du préfet de police.

Elle sera placée de manière à ne pas gêner le libre écoulement des eaux de la rue disposée à ces deux extrémités en pans coupés de quarante-cinq degrés et pourvues, dans sa partie la plus apparente d'un écriteau fixe portant en lettres noires de huit centimètres de haut peintes à l'huile sur fond blanc, le nom et la demeure de l'entrepreneur de la construction.

Art. 50. — Les portes pratiquées dans les barrières devront autant que possible ouvrir en dedans. Si l'on est forcé de les faire ouvrir en dehors, on sera tenu de les appliquer contre les barrières.

Elles seront garnies de serrures ou cadenas pour être fermées chaque jour au moment de la cessation des travaux.

Art. 51. — A moins de circonstances particulières, il ne sera point établi de barrières devant les maisons en réparation.

On devra, pour ces réparations, faire usage d'échafauds volants ou à bascule sans points d'appui directs sur la voie publique et d'un mètre 25 centimètres au plus de saillie sur le mur de face, de telle sorte que la circulation puisse continuer sur le trottoir au pied de la maison.

Pour prévenir la chute des matériaux ou autres objets sur la voie publique le premier plancher au-dessus du rez-de-chaussée sera pendant toute la durée des travaux formé de planches jointives et avec rebords.

Si l'échafaud doit avoir plus de deux étages, on sera tenu de garnir de planches l'étage d'échafaud au-dessous de celui sur lequel les ouvriers travailleront.

ART. 52. — Lorsque des circonstances exigeront des points d'appui directs, ces points d'appui seront des sapines de toute la hauteur de la façade à réparer afin d'éviter des entes de boulins les uns sur les autres.

Dans aucun cas, il ne pourra être établi d'échafaud de cette espèce sans la permission du préfet de police.

ART. 53. — Lorsque l'administration aura autorisé la pose d'une barrière pour des travaux de réparation, cette barrière sera établie conformément aux prescriptions des articles 49 et 50 ci-dessus.

ART. 54. — Les échafauds servant aux constructions seront établis avec solidité et de manière à prévenir la chute des matériaux et gravois sur la voie publique.

Ils devront monter de fond et si les localités ne le permettent pas, ils seront établis en bascule, à 4 mètres au moins du sol de la rue.

Il est défendu de les faire porter sur des écoperches ou boulins arc-boutés au pied des murs de face dans la hauteur du rez-de-chaussée.

Les engins et les appareils servant à monter et descendre les matériaux devront autant que possible être renfermés dans les barrières.

ART. 55. — Les barrières et les échafauds montant de fond au-devant desquels il n'existera pas de barrières seront éclairés aux frais et par les soins des propriétaires et des entrepreneurs.

L'éclairage sera fait au moyen d'un nombre suffisant d'appliques, dont une à chaque angle des extrémités, pour éclairer la partie en retour.

Les heures d'allumage et d'extinction de ces appliques seront celles fixées pour l'éclairage public.

ART. 56. — Toutes les fois que l'autorité le jugera convenable, il sera établi, au-devant de la barrière posée au droit des bâtiments en construction et à la hauteur ordinaire des trottoirs, un plancher en bois solidement assemblé, d'un mètre au moins de largeur et soutenu par une bordure en charpente solidement fixée, ayant 16 centimètres au moins de relief au-dessus du pavé.

Ce plancher sera disposé de manière à ne pas gêner le libre écoulement des eaux ; il devra se raccorder avec les trottoirs adjacents, s'il y en a, ou être prolongé jusqu'au mur de face des maisons voisines.

Il sera entretenu en bon état et propre par l'entrepreneur qui aura obtenu la permission de poser la barrière et ne sera enlevé qu'avec ladite barrière.

ART. 57. — Les travaux de construction ou de réparation seront entrepris immédiatement après l'établissement des barrières et échafauds et devront être continués sans interruption, à l'exception des jours fériés.

Dans le cas où l'interruption durerait plus de huit jours, les propriétaires et entrepreneurs seront tenus de supprimer les échafauds et de reporter les barrières à l'alignement des maisons voisines, ou de se pourvoir d'une autorisation du préfet de police pour les conserver.

ART. 58. — Les voitures destinées aux approvisionnements ou à l'enlèvement des terres et gravois entreront dans l'intérieur de la propriété toutes les fois qu'il y aura possibilité. Dans le cas contraire, elles se placeront toujours parallèlement à la maison et jamais en travers de la rue.

ART. 59. — Aussitôt le déchargement des voitures sur la voie publique, des ouvriers en nombre suffisant seront employés à rentrer sans interruption les matériaux dans l'enceinte de la barrière ou dans la maison.

Le sciage ou la taille de la pierre sur la voie publique sont expressément défendus.

ART. 60. — Si, par suite de circonstances imprévues, des matériaux devaient rester pendant la nuit sur la voie publique, les propriétaires et entrepreneurs seront tenus d'en donner avis au commissaire de police du quartier, de pourvoir à l'éclairage et de prendre toutes les mesures de précautions nécessaires.

ART. 61. — Il est défendu à tous carriers, voituriers et autres de décharger et faire décharger sur la voie publique, après la retraite des ouvriers, aucune voiture de pierres de taille et ou de moellons.

ART. 62. — L'entrepreneur des travaux de construction ou de réparation est spécialement tenu de maintenir la propreté de la voie publique dans toute l'étendue de la façade en construction ou en réparation, pendant toute la durée des travaux et jusqu'après la suppression de la barrière et des échafauds.

ART. 63. — Il est défendu aux entrepreneurs, maçons, couvreurs, fumistes et autres de jeter sur la voie publique les recoupes, plâtras, tuiles, ardoises et autres résidus des ouvrages.

ART. 64. — Tous entrepreneurs, maçons, couvreurs, fumistes, badigeonneurs, plombiers, menuisiers et autres exécutant ou faisant exécuter aux maisons et bâtiments riverains de la voie publique des ouvrages pouvant faire craindre des accidents ou susceptibles d'incommoder les passants seront tenus, s'il n'y a point de barrière au-devant des maisons et bâtiments, de faire stationner dans la rue, pendant l'exécution des travaux, un ou deux ouvriers âgés de dix-huit ans au moins munis d'une règle de 2 mètres de longueur pour avertir et éloigner les passants.

ART. 65. — Dans le cas de construction, la barrière sera supprimée aussitôt que le bâtiment sera couvert.

Pour les cas de réparation, les échafauds et la barrière, s'il en a été posé une, seront enlevés immédiatement après l'achèvement des travaux.

ART. 66. — Dans les quarante-huit heures qui suivront la suppression des échafauds et barrières, les propriétaires et entrepreneurs feront réparer à leurs frais les dégradations du pavé résultant de la pose des barrières et échafauds, et seront tenus provisoirement de faire entretenir les blocages et de prendre les mesures convenables pour prévenir les accidents.

Ils requérront l'entrepreneur du pavé de la ville de procéder auxdites réparations lorsque le pavé sera d'échantillon et à l'entretien de la ville.

## CHAPITRE II.

### *Démolitions.*

ART. 67. — Il est défendu de procéder à la démolition d'aucun édifice donnant sur la voie publique sans l'autorisation du préfet de police.

ART. 68. — Avant de commencer une démolition, le propriétaire et l'entrepreneur feront établir des barrières et échafauds qui seront jugés nécessaires et prendront toutes les autres mesures que l'administration leur prescrira dans l'intérêt de la sûreté publique.

Ces barrières seront disposées, éclairées et pourvues d'un écriteau suivant les prescriptions des articles 49 et 50, concernant les barrières pour constructions.

ART. 69. — Lors des démolitions qui pourront faire craindre des accidents sur la voie publique, indépendamment des ouvriers munis d'une règle qu'on sera tenu de faire stationner pour avertir les passants, la circulation au pied du bâtiment sera encore défendue par une enceinte de cordes portée sur poteaux, qui comprendra toute la partie de la voie publique sur laquelle les matériaux pourraient tomber. Chaque soir, ces cordes et les poteaux seront enlevés et les trous dans le pavé bouchés avec soin.

ART. 70. — La démolition s'opérera au marteau, sans abattage et en faisant tomber les matériaux dans l'intérieur des bâtiments.

Il est défendu de déposer sur la voie publique des matériaux provenant de la démolition, sauf dans le cas de nécessité reconnue par le commissaire de police du quartier, et à la charge de les enlever au fur et à mesure du dépôt et de n'en jamais laisser la nuit.

Il est également défendu d'opérer le chargement des tombereaux sur la voie publique à l'aide de trémies.

ART. 71. — Les prescriptions de l'article 58, concernant les voitures de transport de matériaux employées dans les cas de construction, sont applicables aux tombereaux et aux voitures mis en œuvre pour les démolitions.

ART. 72. — Dans le cas où il deviendrait indispensable d'interdire la circulation au droit d'un bâtiment en démolition, le barrage ne pourra avoir lieu sans l'autorisation du préfet de police.

Toutefois, en cas d'urgence, l'autorisation pourra être accordée par le commissaire de police du quartier, qui devra en informer immédiatement le préfet de police.

ART. 73. — Les travaux de démolition devront être poursuivis sans interruption. Dès qu'ils seront terminés et les remblais nécessaires achevés, la barrière sera enlevée et il sera immédiatement pourvu, par les soins et aux frais du propriétaire ou de l'entrepreneur, à la réparation des dégradations des pavés résultant de la pose de ladite barrière ou des travaux de démolition.

Le terrain mis à découvert par la démolition sera clos à l'alignement par un mur en maçonnerie ou par une barrière en charpente et planches jointées solidement établis et ayant au moins 2$^m$,50 de hauteur.

ART. 74. — Pendant toute la durée des travaux les entrepreneurs devront tenir la voie publique en état constant de propreté aux abords des démolitions et sur tous les points qui auront été salis par suite de leurs travaux et pourvoir au libre écoulement des eaux des ruisseaux.

### Titre III. — Disposition concernant :
*1° les chéneaux et gouttières ; 2° les caisses et pots à fleurs.*

Disposition concernant : 1° les chéneaux et gouttières; 2° les caisses et pots à fleurs et autres objets dont la chute peut occasionner des accidents; 3° les saillies et étalages de nature à nuire à la sûreté et à la commodité de la circulation.

# CHAPITRE I

*Chéneaux et Gouttières.*

ART. 75. — Les propriétaires des maisons dont les toits sont disposés de manière que les eaux pluviales tombent directement sur la voie publique, sont tenus de faire établir des chéneaux ou des gouttières sous l'égout de ces toits, afin de recevoir les eaux qui seront conduites jusqu'au niveau du pavé de la rue, au moyen de tuyaux de descente appliqués le long des murs de face avec 16 centimètres au plus de saillie.

Les gouttières ne pourront être qu'en cuivre, zinc, ou tôle étamée et seront soutenues par des corbeaux en fer.

Les tuyaux de descente ne pourront être établis qu'en fonte, cuivre, zinc, plomb ou tôle étamée et seront retenus par des colliers en fer à scellement.

ART. 76. — Une culière en pierre devra être placée sous le dauphin des tuyaux de descente, lorsque ces tuyaux n'aboutiront pas à une gargouille ou à un conduit souterrain.

ART. 77. — Les chéneaux, gouttières, tuyaux de descente, gargouilles et culières seront constamment entretenus en bon état, de sorte que l'écoulement des eaux soit toujours parfaitement libre et régulier.

# CHAPITRE II

*Caisses et pots à fleurs et autres objets dont la chute peut occasionner des accidents.*

ART. 78. — Il est défendu à tous propriétaires et

locataires de déposer sous aucun prétexte, et de laisser déposer sur les toits, entablements, chéneaux, gouttières, terrasses, murs et autres parties élevées des maisons bordant la voie publique des caisses et pots à fleurs, vases et autres objets quelconques.

Il ne pourra être formé de dépôts de cette espèce que sur les grands et les petits balcons et sur les appuis des croisées garnies de balustrades en fer ou de barres transversales en fer, avec grillage en fil de fer maillé s'étendant à tout l'espace compris entre l'appui et la barre la plus élevée.

Il est toutefois interdit de déposer sur les balcons et appuis de croisées garnis de balustrades, des caisses et pots à fleurs et autres objets qui seraient d'assez petite dimension pour pouvoir passer par les vides des balustrades.

ART. 79. — Il est également défendu de déposer des cages et garde-manger sur aucune des parties du bâtiment désignées au paragraphe 1er de l'article précédent et d'en placer, en saillie des murs de face bordant la voie publique, de quelque manière qu'ils soient attachés.

ART. 80. — Toutes les précautions devront être prises pour qu'il ne résulte de l'arrosement des fleurs placées sur les balcons et appuis de croisées aucun écoulement d'eau sur la voie publique.

ART. 81. — Tous les pots et caisses à fleurs, vases et autres objets déposés actuellement sur des parties élevées du bâtiment, autres que des balcons et appuis de croisées disposés conformément aux prescriptions de l'article 78 ci-dessus, seront supprimés sans délai, ainsi que les bois et fers destinés à les soutenir.

## CHAPITRE III

*Saillies diverses et étalages de nature à nuire à la liberté
et à la commodité de la circulation.*

#### 1. Bornes, marches et bancs sur trottoirs.

Art. 82. — Il est défendu d'établir des bornes, marches et bancs en saillie sur les trottoirs.

Les objets de cette nature existant actuellement seront supprimés sans délai.

Il sera permis, toutefois, par mesure de tolérance, de conserver les marches que l'administration reconnaîtra ne pouvoir être rentrées dans l'intérieur de la propriété, mais à la charge d'en arrondir les angles ou de les tailler en pans coupés.

#### 2. Décrottoirs.

Art. 83. — Il est également défendu d'établir en saillie sur la voie publique des décrottoirs au-devant des maisons et boutiques.

Les décrottoirs existant actuellement seront supprimés sans retard.

#### 3. Tuyaux et pompes.

Art. 84. — Il est interdit de faire déboucher des tuyaux de pompes sur la voie publique.

#### 4. Bannes.

Art. 85. — Les bannes ne seront mises en place ou développées qu'au moment où le soleil donnera sur les boutiques qu'elles sont destinées à abriter. Elles seront enlevées ou relevées aussitôt que les boutiques ne seront plus exposées aux rayons du soleil.

Néanmoins, les bannes placées au-devant des boutiques sur les quais, places et boulevards, pourront être conservées dans le cours de la journée, s'il est reconnu qu'elles ne gênent point la circulation.

Aucune banne ne devra dans sa partie la plus basse avoir moins de 2$^m$,50 d'élévation au-dessus du sol.

#### 5. Lanternes et réflecteurs.

ART. 86. — Les lanternes ne pourront être suspendues à des poteaux au moyen de cordes ou de poulies. Elles seront accrochées aux poteaux par des anneaux et crochets en fer ou supportées par des triangles en fer, contenues dans les coulisses et arrêtées avec serrures et cadenas.

Si elles excèdent 16 centimètres de saillie, elles ne seront mises en place que le soir et devront être retirées au moment de leur extinction, ou dès le matin.

Les lanternes ne pourront avoir moins de 3 mètres d'élévation au-dessus du sol.

Les réflecteurs, destinés à éclairer les devantures de boutiques, devront avoir au moins 2 mètres d'élévation au-dessus du pavé et du dallage des trottoirs.

Ils ne seront mis en place qu'au moment où ils devront être allumés et seront retirés aussitôt leur extinction.

#### 6. Portes, volets, persiennes. — Écriteaux pour locations.

ART. 87. — Il est défendu de faire développer les portes sur la voie publique.

7.

Les volets et persiennes, lorsqu'ils seront ouverts, devront toujours être maintenus par leurs arrêts.

Les arrêts et crochets, placés au rez-de-chaussée, devront être disposés de manière à ne pas blesser les passants.

ART. 88. — Les écriteaux servant à faire connaître au public les maisons, appartements, chambres, magasins et autres objets à vendre ou à louer, ne pourront être suspendus au-devant des murs de face des maisons riveraines de la voie publique. Ils devront être attachés et appliqués contre les murs.

### 7. Étalages pouvant salir les passants.

ART. 89. — Il est défendu aux marchands, bouchers, charcutiers, tripiers, rôtisseurs et autres de former des étalages de viandes en saillie du nu des murs de face.

Les crochets, planches et autres objets pouvant servir à des étalages de cette nature seront supprimés sans délai.

### 8. Étalages de nature à gêner la circulation.

ART. 90. — Tout étalage formé de pièces d'étoffe disposées en draperie et guirlande et formant saillie est interdit au rez-de-chaussée. Il ne pourra descendre qu'à 3 mètres du sol de la voie publique.

Sont également interdits tous étalages en dehors des limites réglementaires, ainsi que tous dépôts de tonneaux, caisses, tables, bancs, châssis, étagères, meubles et autres objets sur la voie publique au-devant des magasins et boutiques.

*Titre IV. — Dispositions diverses intéressant la sûreté et la commodité de la circulation.*

### CHAPITRE PREMIER

*Chargement et déchargement de voitures de marchandises, denrées, etc.*

ART. 91. — Tous entrepreneurs, négociants, marchands et autres qui auront à recevoir ou à expédier des marchandises, meubles, denrées, ou autres objets, feront entrer les voitures de transport dans les cours ou sous les passages de portes cochères des maisons qu'ils habitent, magasins ou ateliers, à l'effet d'y opérer le chargement ou le déchargement desdites voitures.

ART. 92. — A défaut de cours ou de passages, de portes cochères ou bien si les cours-passages de portes cochères ne présentent point les facilités convenables, on pourra effectuer le chargement et le déchargement sur la voie publique en y mettant la célérité nécessaire. Dans ce cas, les voitures devront être rangées, de manière à ne gêner la circulation que le moins possible.

ART. 93. — Les exceptions mentionnées au précédent article ne s'étendent point aux entrepreneurs de diligences, de messageries, de roulage, aux entrepreneurs de charpentes, aux marchands de bois, aux marchands en gros, ni à tous autres particuliers, tenant de grandes fabriques, de grands ateliers ou faisant un commerce qui nécessite de grands magasins. Ils seront tenus, en raison de l'importance de leurs établissements, de se pourvoir de locaux assez spacieux pour opérer et faire opérer, hors de la voie publique, les déchargements et chargements de leurs voitures et celles qui leur sont destinées.

### Déchargement et sciage du bois de chauffage.

Art. 94. — Le bois destiné au chauffage des habitations, ne sera déchargé sur la voie publique que dans les circonstances prévues par l'article 92.

Art. 95. — Lorsque dans les rues de 7 mètres de largeur et au-dessus, le déchargement du bois pourra se faire sur la voie publique, conformément à l'article 92, il y sera procédé de manière à ne point interrompre le passage des voitures.

Dans les rues au-dessous de 7 mètres de largeur il sera toujours réservé un passage libre pour les gens de pied. Hors le cas prévu par l'article suivant, le bois devra être rentré au fur et à mesure du déchargement.

Il est défendu de décharger simultanément deux voitures de bois destinées à des habitations situées l'une en face de l'autre; celle arrivée la dernière sera rangée à la suite de la première et attendra que celle-ci soit déchargée et le bois rentré.

Art. 96. — Il est défendu de scier et faire scier du bois sur la voie publique. Cependant, lorsque le sciage présentera des difficultés dans l'intérieur de la maison, il sera toléré sur la voie publique, mais pour deux stères seulement. Dans ce cas, les scieurs se placeront le plus près possible des maisons, afin de ne point accroître les embarras de la voie publique.

Le bois sera rentré au fur et à mesure du sciage.

Art. 97. — Il est expressément défendu de décharger ni scier du bois sur les trottoirs.

On ne pourra en fendre ni sur les trottoirs ni sur aucune autre partie de la voie publique.

## CHAPITRE II.

*Dépôts et projections sur la voie publique. Transports d'objets nécessitant des précautions.*

**1. Dépôt des matériaux, meubles, marchandises, voitures, etc.**

Art. 98. — Il est défendu de déposer sur aucun point de la voie publique des pierres, terres, sables, gravois et autres matériaux.

Dans le cas où des travaux à exécuter dans l'intérieur des maisons nécessiteraient le dépôt momentané de terres, sables, gravois et autres matériaux sur la voie publique, le dépôt ne pourra avoir lieu que sous l'autorisation préalable du commissaire de police du quartier.

La quantité des objets déposés ne devra jamais excéder le chargement d'un tombereau et leur enlèvement complet devra toujours être effectué avant la nuit.

Sont formellement exceptés de la tolérance les terres, moellons ou autres objets provenant des fosses d'aisances. Ces débris devront être immédiatement emportés, sans jamais pouvoir être déposés sur la voie publique. En cas d'inexécution, il sera pourvu d'office et aux frais des contrevenants, soit à l'éclairage, soit à l'enlèvement des dépôts.

Art. 99. — Il est formellement interdit de déposer sur la voie publique les bouteilles cassées, les morceaux de verre, de poterie, de faïence et tous autres objets de même nature pouvant occasionner des accidents.

Ces objets devront être directement portés aux voitures du nettoiement et remis aux desservants de ces voitures.

ART. 100. — Il est défendu de déposer, sans nécessité, et de laisser sans autorisation sur la voie publique, des meubles, caisses, tonneaux et autres objets.

ART. 101. — Il est défendu de faire stationner sans nécessité sur la voie publique aucune voiture attelée ou non attelée.

ART. 102. — Les voitures de toute espèce, suspendues ou non suspendues, chariots, charrettes, haquets, etc., devront être remisés, pendant la nuit, dans les emplacements hors de la voie publique.

Sont exceptées les voitures de porteurs d'eau qui, pour raison de sûreté publique, continueront à être remisées dans les emplacements désignés par l'administration.

ART. 103. — Les matériaux, voitures, meubles, marchandises et tous autres objets laissés pendant la nuit sur la voie publique par impossibilité notoire de les enlever ou de les rentrer dans l'intérieur des propriétés, seront éclairés aux frais et par les soins de ceux auxquels ils appartiennent ou auxquels ils auront été confiés.

### 2. Projections sur la voie publique.

ART. 104. — Il est défendu de rien jeter d'aucune partie des habitations qui puisse blesser ou salir les passants.

ART. 105. — Il est défendu de jeter des eaux sur la

voie publique. Ces eaux devront être portées aux ruisseaux pour y être versées de manière à ne pas écla-
bousser les passants.

### 3. Transport d'objets nécessitant des précautions.

ART. 106. — Les personnes circulant avec des far-
deaux sur la voie publique devront prendre les précautions convenables pour ne pas blesser ou heurter
les passants.

Les barres de fer, les pièces de bois et tous objets
trop longs pour pouvoir être tenus dans le sens verti-
cal seront portés par deux personnes, de façon que
chacune des extrémités repose sur l'épaule ou sous la
main d'un porteur.

ART. 107. — Les volets et barres de fer servant à
la fermeture des boutiques et magasins devront être
portés de manière à prévenir tout accident.

### CHAPITRE III

*Travaux, jeux, feux de paille. — Tirs d'armes à feu et de pièces
d'artifice. — Occupation de la voie publique pour l'exercice d'une
industrie.*

### 1. Travaux.

ART. 108. — Il est interdit de battre ou pulvériser
du plâtre sur la voie publique et d'y faire du mortier
et tailler de la pierre.

ART. 109. — Il est également interdit de carder des
matelas et de battre de la laine ou du crin sur la voie
publique.

ART. 110. — Il est défendu aux scieurs de long, maréchaux-ferrants, charrons, layetiers, emballeurs, serruriers, tonneliers, étameurs et autres de travailler et faire travailler sur la voie publique.

ART. 111. — Il est défendu à tout marchand de friture, marrons, beignets, gaufres, etc., d'établir des feux portatifs ou des poêles, soit en saillie des murs de face ou des devantures de boutiques, soit sur la voie publique et d'y préparer aucune espèce de friture ou d'aliments.

ART. 112. — Il est également défendu aux marchands épiciers, limonadiers et autres de brûler et faire brûler sur la voie publique du café et autres denrées.

### 2. Jeux.

ART. 113. — Les jeux des palets, de tonneaux, de siam, de quilles, de volants, de toupies, sabots, bâtonnets, cerfs-volants et tous les autres susceptibles de gêner la circulation et d'occasionner des accidents sont interdits sur la voie publique.

### 3. Feux de paille, tirs d'armes à feu, etc.

ART. 114. — Il est défendu de brûler de la paille et autres matières inflammables sur la voie publique et d'y tirer des armes à feu, des pétards, fusées et autres pièces d'artifice.

### 4. Occupation de la voie publique pour l'exercice d'une profession.

ART. 115. — Il est défendu de s'installer et de stationner, même momentanément, sur la voie publique, pour y exposer des marchandises en vente ou pour y exercer une industrie quelconque, sans être pourvu d'une permission émanée de l'autorité compétente.

ART. 116. — Les étalagistes ne pourront vendre que les marchandises indiquées dans leur permission.

Ils n'occuperont que l'emplacement qui leur aura été désigné.

Ils seront tenus à toute réquisition des commissaires, officiers et agents de police, de représenter leurs permissions et leurs patentes ou leurs certificats d'exemption de patente.

*Titre V. — Dispositions spéciales aux boulevards, promenades non closes et voies publiques ornées de plantations.*

ART. 117. — Il est défendu de parcourir à cheval ou en voiture, même avec des voitures traînées à bras, les contre-allées des boulevards de Paris, généralement toutes les parties des promenades non closes et voies publiques ornées de plantations et autres qui sont réservées aux piétons.

ART. 118. — Il sera permis de traverser les contre-allées à cheval ou en voiture pour entrer dans les propriétés riveraines ou pour en sortir, si le sol de la traversée est disposé à cet effet, conformément aux permissions dont les propriétaires auront dû se pourvoir auprès de M. le préfet de la Seine.

Les chevaux et voitures ne pourront, sous aucun prétexte, stationner sur les contre-allées.

ART. 119. — Il ne sera déposé sur les chaussées ni sur les contre-allées aucune espèce de matériaux, lors même qu'ils seraient destinés à des travaux de construction ou de réparation à exécuter dans les propriétés riveraines.

Le transport des matériaux à travers les contre-allées qui n'auront point été disposées pour le passage des voitures ne pourra se faire à .l'aide de voitures, camions ou brouettes sans qu'on ait pris les mesures de précaution indiquées dans les permissions dont les propriétaires ou entrepreneurs seront tenus de se pourvoir.

ART. 120. — Il est défendu de faire écouler les eaux ménagères sur les contre-allées et quinconces, les boulevards et toutes promenades à moins d'une autorisation spéciale.

ART. 121. — Il est défendu de monter sur les arbres, d'y jeter des pierres ou bâtons, d'y suspendre des écritaux, enseignes, lanternes et autres objets, d'y tendre des cordes pour faire sécher du linge, des étoffes et autres choses, d'y attacher des animaux, enfin de rien faire qui soit susceptible de nuire à la liberté et à la sûreté de la circulation et à la conservation des plantations.

ART. 122. — On ne pourra combler sans autorisation les fossés et cuvettes bordant les contre-allées.

Il est défendu d'y jeter du fumier, des débris de jardinage, ordures et immondices et autres matières et d'y faire écouler des eaux ménagères.

ART. 123. — Il est défendu d'arracher et dégrader les barrières, poteaux, dalles, bornes, inscriptions et généralement tous objets quelconques établis pour la sûreté, l'utilité, la décoration et l'agrément des boulevards, promenades et voies publiques pouvant y être assimilées.

*Titre VI. — Dispositions générales.*

ART. 124. — Il est défendu de dégrader, détruire ou enlever les barrières, pieux, échafauds, réverbères ou lampions et tous objets généralement quelconques établis par l'autorité ou par des particuliers en exécution de la présente ordonnance.

ART. 125. — Les ordonnances de police sus-visées en date du 8 août 1829, 30 novembre 1831, 29 mai 1837, 23 octobre 1844 et 26 mars 1859 sont rapportées, ainsi que les dispositions de tous autres règlements qui seraient contraires à celles qui précèdent.

### § IV. — Loi du 21 avril 1810, concernant les mines, minières et carrières.

. . . . . . . . . . . . . . . . . . . . . .

*Titre V. — De l'exercice de la surveillance sur les mines par l'administration.*

ART. 47. — Les ingénieurs des mines exerceront, sous les ordres du ministre de l'intérieur et des préfets, une surveillance de police pour la conservation des édifices et la sûreté du sol.

ART. 48. — Ils observeront la manière dont l'exploitation sera faite, soit pour éclairer les propriétaires sur ses inconvénients ou son amélioration, soit pour avertir l'administration des vices, abus ou dangers qui s'y trouveraient.

ART. 49. — Si l'exploitation est restreinte ou suspendue de manière à inquiéter la sûreté publique ou les besoins des consommateurs, les préfets, après avoir entendu les propriétaires, en rendront compte au ministre de l'intérieur pour y être pourvu, ainsi qu'il appartiendra.

ART. 50 (modifié par la loi du 27 juillet 1880). — Si l'exploitation compromet la sûreté publique, la conservation des puits, la solidité des travaux, la sûreté des ouvriers mineurs ou des habitations de la surface, il y sera pourvu par le préfet, ainsi qu'il est pratiqué en matière de grande voirie et selon les lois.

. . . . . . . . . . . . . .

## Titre VIII. — Des carrières.

ART. 81 (modifié par la loi du 27 juillet 1880). — L'exploitation des carrières à ciel ouvert a lieu sans permission, sous la simple surveillance de la police et avec l'observation des lois ou règlements généraux ou locaux.

ART. 82 (modifié par la loi du 7 juillet 1880). — Quand l'exploitation a lieu par galeries souterraines, elle est soumise à la surveillance de l'administration, comme il est dit au titre V.

# APPENDICE III

## FORMULAIRE DE L'ASSURÉ

### SECTION PREMIÈRE

#### FORMULAIRE DU PATRON

#### Formule n° 1.

*Lettre recommandée, à écrire dans les* 48 *heures de l'accident* (Police A, art. 10, page 19; Pol. C, art. 7, page 31; Pol. D, art. 11, page 42);

A MM. les administrateurs et directeur de la compagnie d'assurance *dite*           , à           , rue           , n°  .

Messieurs,

Pour me conformer aux conditions générales de la police que j'ai souscrite à votre compagnie le  ,           , sous le n°           de votre agence de           , j'ai l'honneur de vous déclarer que le           , vers    heures du           , rue           n°  un accident est arrivé à (1)

Les personnes qui pourraient avoir droit à l'indemnité sont :

1° M.           , demeurant à           , rue           n°  .

(1) Nom, prénoms et domicile de la victime.

2° M.              , demeurant à              , rue
    , n°    .

Les témoins de l'accident sont :

1° M.                , demeurant à              , rue
        , n°    .

2° M.                , demeurant à              , rue
        , n°    .

3° M.                , demeurant à              , rue
            n°    .

L'auteur de l'accident est :

M.          , demeurant à          , rue          , n°    .

Voudriez-vous bien, je vous prie, m'accuser réception de cette lettre.

Recevez, Messieurs, l'assurance de ma parfaite considération.

### Formule n° 2.

*Lettre recommandée à écrire dans les 24 heures de l'assignation adressée par l'ouvrier ou par ses ayants cause.*

(Pol. B, art. 3, § 3, page 25) et dans les 48 heures de l'assignation adressée par les tiers (Pol. C, art. 8, page 32).

A MM. les administrateurs et directeur de la compagnie d'assurance *dite*              , à              , rue
    , n°    .

    Messieurs,

Conformément aux conditions générales de la police que j'ai souscrite à votre compagnie le
    , sous le n°      de votre agence de              , j'ai l'honneur de vous adresser, ci-incluse, l'assignation que je viens de recevoir.

Voudriez-vous bien, je vous prie, m'accuser réception de cette lettre et de l'assignation qu'elle contient.

Recevez, Messieurs, l'assurance de ma parfaite considération.

### Formule n° 3.

*Sommation à adresser à la compagnie lorsque celle-ci ne suit pas le procès* (voy. ci-dessus page 64, 2<sup>ent</sup>).

L'an 18        , le

A la requête de M.          , demeurant à

, lequel fait élection de domicile en mon étude,

J'ai                      huissier

dit et déclaré à MM. les administrateurs et directeur de la compagnie d'assurance *dite*          , dont le siège est Paris, rue          n°      , ou étant et parlant à          , qu'ils ne sauraient ignorer ni disconvenir

1° Qu'à la date du          mon requérant a souscrit à ladite compagnie une police d'assurance *collective*.

2° Que conformément à cette police, mon requérant leur a remis l'assignation à lui donnée par M.          , son ouvrier, suivant exploit de          , huissier à    enregistré;      en date du

3° Qu'aux termes de l'article 8 de la police, la Compagnie a l'obligation de suivre l'instance;

4° Qu'au mépris de cette obligation, la Compagnie n'a fait aucune diligence pour défendre mon requérant contre l'action à lui intentée par ledit sieur

5° Qu'en présence de cette attitude, mon requérant croit devoir adresser une mise en demeure à la compagnie.

C'est pourquoi j'ai, à mêmes requête et élection de domicile que ci-dessus et en parlant comme il a été dit plus haut, fait sommation auxdits administrateurs et directeur de        , dans vingt-quatre heures pour tout délai, avoir à prendre en mains la direction du procès intenté à mon requérant ;

Leur déclarant que, faute par eux d'obéir à la présente sommation dans le délai imparti, mon requérant, ce délai passé, se pourvoira ainsi que de droit.

*Sous toutes réserves.*

Et j'ai

### Formule nº 4.

*Lettre recommandée à adresser dans les huit jours de l'accident arrivé au patron* (Police D, art. 11, page 43).

A MM. les administrateurs et directeur de la compagnie d'assurance *dite*        , à        , rue        , nº    .

Messieurs,

Conformément à l'article 11 de la police que j'ai souscrite à votre compagnie le        sous le nº de votre agence de        , j'ai l'honneur de vous adresser, sous le même pli que cette lettre, le certificat et l'attestation prescrite par cet article.

Voudriez-vous bien m'accuser réception de la présente et des deux pièces qu'elle contient.

Recevez, Messieurs, l'assurance de ma parfaite considération.

# SECTION DEUXIÈME

## FORMULAIRE DE L'OUVRIER

### Formule n° 5.

*Sommation à envoyer par l'ouvrier à son patron, qui a refusé de lui communiquer la police collective.* (Voyez page 57, 5$^{ent}$.)

L'an          , le
A la requête de M.                    , demeurant à
          , rue                n°      , lequel fait élection de domicile en mon étude,    .
J'ai
Dit et rappelé à M.
demeurant à                 , rue             , n°
          , où étant et parlant à
Qu'il ne saurait ignorer ni disconvenir :
1° Qu'à la date du
mon requérant, travaillant pour le compte et sur les ordres dudit M.        a été victime d'un accident pour lequel une indemnité lui est due.

2° Qu'avant d'actionner ledit M.              , pour obtenir cette indemnité, il veut d'abord savoir à quelle somme il a droit en vertu de la police d'assurance que ledit sieur        a souscrite, au nom et comme *negotiorum gestor* de ses ouvriers;

3° Que mon requérant a subi une retenue sur son salaire pour alimenter cette assurance;

4° Qu'il est de doctrine ou de jurisprudence que le patron doit communiquer à ses ouvriers la police d'assurance collective qu'il a souscrite à leur profit;

8

5° Que jusqu'ici mon requérant a fait de vains efforts pour obtenir la communication de la police souscrite par ledit M.

C'est pourquoi j'ai, à mêmes requête et élection de domicile que ci-dessus et en parlant comme il a été dit plus haut, fait sommation audit M.        de, dans vingt-quatre heures pour tout délai, avoir à communiquer à mon requérant ladite police d'assurances ;

Lui déclarant que, faute par lui d'obéir à la présente sommation dans le délai imparti, mon requérant, ce délai passé, se pourvoiera ainsi que de droit.

Sous toutes réserves, notamment au sujet des dommages-intérêts dus à mon requérant par ledit sieur

, en vertu des articles 1382 et suivants du Code civil

Et j'ai

# APPENDICE IV

## DIVERSES NOTES SUR LA RESPONSABILITÉ DES PATRONS

### I

En tête de ces notes, recueillies et rassemblées dans l'intérêt des patrons et dans celui des ouvriers, il convient de placer quelques textes de lois, qu'ils ont besoin de bien connaître, les uns et les autres, à savoir :

1° Ces deux articles du Code pénal :

ART. 319. — Quiconque, par maladresse, imprudence, inattention, négligence ou inobservation des règlements, aura commis involontairement un homicide, ou en aura involontairement été la cause, sera puni d'un emprisonnement de trois mois à deux ans, et d'une amende de cinquante francs à six cents francs.

ART. 320. — S'il n'est résulté du défaut d'adresse ou de précaution que des blessures ou coups, le coupable sera puni de six jours à deux mois d'emprisonnement et d'une amende de seize francs à cent francs, ou de l'une de ces peines seulement.

2° Et ces cinq articles du Code civil :

ART. 1382. — Tout fait quelconque de l'homme qui cause à autrui un dommage oblige celui par la faute duquel il est arrivé à le réparer.

Art. 1383. — Chacun est responsable du dommage qu'il a causé non seulement par son fait, mais encore par sa négligence ou par son imprudence.

Art. 1384. — On est responsable, non seulement du dommage que l'on cause par son propre fait, mais encore de celui qui est causé par le fait des personnes dont on doit répondre, ou des choses que l'on a sous sa garde.

Le père, et la mère, après le décès du mari, sont responsables du dommage causé par leurs enfants mineurs habitant avec eux;

Les maîtres et les commettants, du dommage causé par leurs domestiques et préposés dans les fonctions auxquelles ils les ont employés;

Les instituteurs et les artisans, du dommage causé par leurs élèves et apprentis pendant le temps qu'ils sont sous leur surveillance.

La responsabilité ci-dessus a lieu, à moins que les père et mère, instituteurs et artisans, ne prouvent qu'ils n'ont pu empêcher le fait qui donne lieu à cette responsabilité.

Art. 1385. — Le propriétaire d'un animal, ou celui qui s'en sert, pendant qu'il est à son usage, est responsable du dommage que l'animal a causé, soit que l'animal fût sous sa garde, soit qu'il fût égaré ou échappé.

Art. 1386. — Le propriétaire d'un bâtiment est responsable du dommage causé par sa ruine, lorsqu'elle est arrivée par suite du défaut d'entretien ou par le vice de sa construction.

## II

En matière de délits et de quasi-délits, toute faute

oblige, si légère qu'elle puisse être (Dalloz, *Jurisprudence générale, Responsabilité*, 98.)

## III

Un accident résultant d'une faute légère qui se rapproche beaucoup du cas fortuit donne lieu à des dommages-intérêts. (Liège, 20 février 1810.)

## IV

Le patron est responsable du dommage causé à ses ouvriers lorsqu'il a négligé de prendre toutes les précautions nécessaires pour assurer leur sécurité. (Cass., 13 janvier 1868 ; Paris, 4 février 1870 ; Cass., 29 juillet 1874 ; Paris, 21 décembre 1874 ; Nancy, 9 décembre 1876 ;.... 10 janvier 1877 ; Cass., 7 janvier 1878.)

## V

Le patron doit protéger ses ouvriers contre la conséquence du travail auquel il les emploie. (Conseil d'État, 4 avril 1879 ; Caen, 17 mars 1880 ; Conseil d'État, 11 mars 1881 ; Amiens, 15 novembre 1883 ; Cass., 16 novembre 1884 ; Orléans, 18 janvier 1887.)

## VI

Pour que le patron soit à l'abri de toute responsabilité, il ne suffit pas qu'il ait pris de sérieuses précautions pour éviter les accidents dont les ouvriers qu'il emploie peuvent être les victimes dans leur travail ; il faut qu'il ait pris toutes celles qui sont compatibles avec les nécessités de son industrie. (Paris, 21 décembre 1874; Caen, 1ᵉʳ juin 1880.)

## VII

Le patron doit garantir ses ouvriers contre leur propre imprudence. (Cass., 8 février 1875 et 28 août 1882; Dijon, 24 janvier 1883; Chambéry, 13 avril 1883; Cass., 9 juin 1883; Orléans, 28 janvier 1887; Besançon, 11 juin et 11 décembre 1889).

## VIII

Le devoir du patron est encore plus grand lorsqu'il emploie des ouvriers inexpérimentés dans le travail qu'il leur confie (Orléans, 1ᵉʳ décembre 1842: Lyon, 22 décembre 1854 et 1ᵉʳ juillet 1860; Orléans, 22 janvier 1867; Bourges, 23 janvier 1867; Caen, 17 mars 1880; Douai, 27 mars 1881; Paris, 9 juillet 1883; Besançon, 27 février 1884; Orléans, 13 décembre 1884), ou les enfants (Lyon, 9 décembre 1854), ou les femmes (Bourges, 23 janvier 1867; Trib. civ. Marseille, 6 janvier 1877.)

## IX

Un entrepreneur est responsable de l'accident arrivé à un enfant employé par lui, bien que ce dernier se soit exposé au danger contrairement à ses défenses, si cet enfant n'a fait, d'ailleurs, qu'obéir aux ouvriers sous les ordres desquels il se trouvait placé. (Lyon, 9 décembre 1854 et 20 avril 1871 ; Paris, 29 avril 1875 ; Trib. civ. Lille, 7 août 1879.)

## X

L'affichage dans les chantiers d'un règlement prescrivant aux ouvriers de prendre telles et telles précautions n'empêche pas le patron d'être responsable des accidents qui arrivent à ceux-ci. (Cass., 8 février 1875 et 28 août 1882 ; Trib. civ. Seine, 25 novembre 1891) ; surtout si le patron n'a pas surveillé l'exécution de ce règlement (Poitiers, 13 février 1868 ; Lyon, 6 avril 1871 ; Douai, 5 mai 1871.)

## XI

Le patron est responsable du préjudice causé à ses ouvriers :

1$^{ent}$ Soit par son fait, si ce fait constitue pour lui une faute (art. 1382, Code civil); et notamment : — 1° par le défaut de surveillance (Trib. civ. Toulouse, 13 avril 1892), 2° par l'insuffisance du personnel pour le travail à effectuer (Nimes, 20 février 1872) ;

2$^{ent}$ Soit par sa maladresse ou son imprudence (art. 1383, C. civ. et art. 319 et 320, C. p.) ;

3$^{ent}$ Soit par le fait, la négligence, la maladresse, l'imprudence ou l'inattention de ses préposés (contre-maîtres, ouvriers ou domestiques), dans l'exercice des fonctions qu'il leur avait confiées. (Trib. civ. Seine, 3 août 1888 ; art. 1384, §§ 1 et 3, et 319 et 320 C. p.) ;

4$^{ent}$ Soit par les animaux dont il a la garde ou dont il a confié la garde (art. 1385 C. civ.) ;

5<sup>ent</sup> Soit par le vice de son matériel et, en général, de toutes les choses dont il a la garde (Amiens, 28 juin 1860 ; Cass., 13 janvier 1868 ; Paris, 4 février 1870 et 16 novembre 1871 ; Grenoble, 8 avril 1876 ; Aix, 27 décembre 1877 ; Caen, 17 mars 1880 ; Amiens, 15 novembre 1883 ; Trib. civ. Lyon, 15 février 1886 ; Code civ., art. 384, § 1<sup>er</sup>) ; et notamment : — 1° par l'imperfection des machines (Orléans, 10 mai 1890 ; Trib. civ. Toulouse, 13 avril 1892) ; — 2° par le défaut d'entretien des machines (Paris, 6 avril 1872 ; Trib. civ. Lyon, 13 août 1886 ; Nîmes, 12 juillet 1887) ; — 3° par le mauvais état d'une chaudière (Trib. civ. Seine, 5 mai 1890 ; Dijon, 26 décembre 1895) ; — 4° par l'insuffisance des engins pour le travail à effectuer. (Dijon, 24 janvier 1883 ; Trib. civ. Saint-Étienne, 19 février 1886 ; Trib. civ. Montargis, 6 août 1886) ; — 5° par la défectuosité ou l'insuffisance des outils (Dijon, 24 août 1883 ; Trib. civ. Saint-Étienne, 19 février 1886 ; Trib. civ. Montargis, 6 août 1886) ; — 6° par une installation vicieuse, même admise par l'usage, si l'accident produit est, par cette installation de ceux qui peuvent et par conséquent doivent être prévus (Trib. civ. Mulhouse, 18 janvier 1867) ; — 7° par l'absence de planches sur un parquet non hourdé (Trib. civ. Seine, 17 novembre 1882 ; Trib. civ. Seine, 20 mars 1885) ; — 8° par l'absence de grillage et de tout autre moyen préservatif sur l'organe à engrenage d'une machine près de laquelle travaillait un enfant (Lyon, 9 décembre 1854 ; Bourges, 23 janvier 1867 ; Paris, 12 mai 1886) ; — 9° par la défectuosité d'une échelle trop longue, sans crochet à sa partie supérieure et sans pointe de fers aux pieds (Trib. civ. Saint-Étienne, 29 février 1886).

## XII

La responsabilité du patron est complètement dégagée :

1<sup>ent</sup> Lorsque l'accident dont l'ouvrier a été victime s'est produit dans des lieux où cet ouvrier n'exerçait pas ses fonctions (Cass., 1<sup>er</sup> juin 1886) ;

2<sup>ent</sup> Lorsque l'accident provient du risque professionnel (Dijon, 6 mars 1865 ; Cass., 26 novembre 1877 et 2 décembre 1884 ; Trib. civ. Seine, 1<sup>er</sup> avril 1886 ; Rouen, 25 juin 1886) ;

3<sup>ent</sup> Lorsque l'ouvrier victime de l'accident a commis une imprudence telle qu'elle devait échapper aux prévisions du patron (Paris, 18 février 1891) ;

4<sup>ent</sup> Lorsque l'ouvrier victime de l'accident dirigeait les travaux (Trib. civ. Seine, 8 décembre 1880) ;

5<sup>ent</sup> Lorsque l'accident a eu pour cause la désobéissance de l'ouvrier victime de l'accident (Trib. civ. Seine, 3 mars 1857) ; mais c'est au patron à établir cette désobéissance (Trib. civ. Seine, 3 mars 1857) ;

6<sup>ent</sup> Lorsque l'accident est dû :

1° Soit à la faute d'un tiers (Cass., 24 juillet 1857 et 14 janvier 1866) ;

2° Soit à un cas de force majeure (Rouen, 13 juin 1848 ; Poitiers, 6 mai 1856) ;

3° Soit à un cas fortuit (Douai, 28 décembre 1846 ; Conseil d'État, 4 juillet 1860 ;

4° Soit à une cause inconnue (Cass., 26 novembre 1877) ;

5° Soit à un de ces phénomènes que la science ne peut prévoir et dont elle ne peut, par conséquent, empêcher le développement (Paris, 18 février 1891) ;

6° Soit à la faute de l'ouvrier qui en a été victime (Cass., 12 janvier 1849 ; Lyon, 19 juillet 1853 ; Paris, 19 janvier 1867 ; Chambéry, 8 juin 1872 ; Cass., 9 mai 1874 ; Lyon, 19 novembre 1874 ; Trib. civ. Marseille, 2 février 1877 ; Dijon, 1877 ; Cass., 26 novembre 1877 ; Cass., 12 juin 1877 ; Dijon, 7 janvier 1878; 15 novembre 1881 et 7 juin 1885; Rouen, 25 juin 1886; Trib. civ. Moulins, 8 janvier 1887 ; Trib. civ. Orthez, 18 juin 1890 ; Paris, 18 février 1891; Trib. civ. Saint-Étienne, 27 juin 1892 ; Orléans, 17 février 1894).

## XIII

Il a été jugé que l'ouvrier était en faute :

1ent Lorsqu'il n'use pas des moyens de protection mis à sa disposition par son patron (Paris, 22 décembre 1883) ;

2ent Lorsqu'il se sert d'outils défectueux qui ne lui étaient pas imposés (Paris, 19 janvier 1867) ;

3ent Lorsqu'il se livre à un travail hors de son service (Lyon, 10 décembre 1869 ; Alger, 7 novembre 1870 ; Chambéry, 8 juillet 1880 ; Paris, 14 mai 1889).

## XIV

Si le devoir des patrons est de veiller à la sécurité de ses ouvriers, il ne l'oblige pas à leur imposer l'emploi d'instruments destinés à réaliser cette sécurité ; mais le patron doit faire en sorte que ces instruments soient à la disposition des ouvriers d'une façon très apparente et dans le chantier ou l'atelier même où ils travaillent (Rennes, 12 décembre 1895).

## XV

C'est aux tribunaux qu'il appartient d'apprécier souverainement les faits et les circonstances d'où l'on veut faire résulter une faute ou une négligence donnant lieu à des dommages-intérêts. — (Cass., 11 janvier 1830. Dalloz, *Jurisprudence générale, Responsabilité,* 135,1° — Cass., 9 août 1837).

## XVI

Quand le personnel est insuffisant, le patron est responsable, lors même que l'ouvrier est en faute (Nîmes, 20 février 1872).

## XVII

Pour que le patron soit à l'abri de toute responsabilité pour un accident arrivé à un ouvrier qui a commis une faute, il faut que cette faute ait été la seule cause de l'accident (Cass., 12 janvier 1849 et 9 mars 1880; Poitiers, 3 février 1883; Orléans, 10 mai 1890).

## XVIII

Les dommages-intérêts doivent être modérés lorsque l'ouvrier a été lui-même imprudent. On dit alors que *la responsabilité est partagée.* (Paris, 4 février 1870 et 16 novembre 1871; Cass., 8 février 1875; Nancy, 9 août 1876; Aix, 10 janvier 1877; Bordeaux, 19 août 1878; Cass., 20 août 1879; Caen, 17 mars 1880; Cass., 15 novembre 1884; Orléans, 2 et 28 janvier 1887 et 10 mai 1890.)

## XIX

Parmi les accidents dont le patron est reconnu responsable il en est qui sont couverts par la Compagnie d'assurances et d'autres qui ne le sont pas.

Ceux qui sont couverts ne le sont, bien entendu, que jusqu'à concurrence de la somme stipulée dans la police (voy. Pol. B., art. 2, page 24), stipulation qui n'empêche nullement l'ouvrier sinistré de demander à son patron une somme supérieure. (Paris, 16 janvier 1883; Chambéry, 26 août 1884; Trib. civ. Boulogne - sur-Mer, 30 juillet 1885; Aix, 2 janvier 1888.)

Le patron est couvert, même contre les accidents provenant d'une faute lourde (1) commise par lui ou par ses préposés. (Paris, 6 juin 1885; Cass., 2 juin 1886; Amiens, 11 avril, 1892 et 22 octobre 1894.)

Le sinistre causé par une infraction aux lois et règlements est lui-même couvert par la Compagnie lorsque cette infraction ne revêt pas le caractère d'une faute lourde. (Lyon, 17 février 1882.)

Les accidents non couverts par la Compagnie sont les sinistres provenant d'une infraction aux lois et règlements (voy. A, art. 7, page 17; Pol. C, art. 10, page 33; Pol. D, art. 7, page 40), si, d'ailleurs, cette infraction constitue une faute lourde. (Lyon, 17 février 1882.)

---

(1) *On appelle faute lourde* celle qui a un caractère de gravité telle qu'on ne peut l'excuser. C'est aux juges du fait qu'appartient l'appréciation de la faute. Cette appréciation échappe à la censure de la cour de Cassation. (Cass., 18 avril 1882.)

# APPENDICE V

## UNE POIGNÉE DE QUESTIONS

### DONT L'EXAMEN SERA ÉGALEMENT UTILE
### AUX OUVRIERS ET AUX PATRONS

## I

Quelle que soit la cause de l'accident, le patron doit indemniser personnellement l'ouvrier sinistré :

1$^{ent}$ Lorsqu'il a fait subir à l'ouvrier une retenue, pour alimenter l'assurance, et que cette assurance n'avait pas été faite (Aix, 27 janvier 1880 ; Dijon, 24 août 1880 ; Trib. civ. Seine, 22 décembre 1880 ; Douai, 15 février 1880 ; Paris, 23 février 1887) ;

2$^{ent}$ Lorsqu'il a employé le sinistré, bien que celui-ci ne fût pas assurable, soit en raison de son âge soit en raison de ses infirmités (Trib. civ. Lyon, 12 mai 1854) ;

3$^{ent}$ Lorsque, par dol, par ignorance ou par négligence, il a fait encourir à l'ouvrier sinistré une déchéance quelconque (Code civ., art. 1382, 1991 et 1992) ; par exemple : 1° en faisant une fausse déclaration ou une réticence (Trib. civ. Lyon, 12 mai 1854) ; 2° en s'assurant à une compagnie notoirement insolvable (Trib. civ. Seine, 5 janvier 1854) ; en faisant tardivement la déclaration du sinistré (Trib. civ. Seine,

27 novembre 1885 ; Douai, 15 février 1886 ; Trib. civ.
Lyon, 3 août 1892; Bordeaux, 20 novembre 1885) ; 4°
en réclamant tardivement l'indemnité (Trib. civ. Seine,
27 novembre 1887) ; 5° en laissant introduire des vices
de rédaction dans la police (Paris, 2 février 1887).

## II

Le patron qui, pour alimenter l'assurance collective,
retient sur les salaires de ses ouvriers une somme supérieure à celle qu'il verse à la compagnie doit, en cas
d'accident, payer personnellement à l'ouvrier sinistré
la différence entre le capital que doit la Compagnie et
celui qu'elle aurait dû si la retenue faite par le patron
eût été employée intégralement à l'assurance collective
(Trib. civ. Nancy, 7 mars 1889 ; Code civ., art. 1371 et
1374); à moins qu'il ne résulte d'un règlement de
chantier accepté par les ouvriers sinistrés que cette
portion non versée à la Compagnie avait pour objet
l'organisation du service sanitaire conformément à
l'arrêté ministériel du 15 décembre 1848 et à la cir-
culaire du 22 octobre 1851 (Trib. civ. Seine, 13 janvier 1892; Paris, 4 novembre 1892 ; Trib. civ. Versailles, 17 mars 1893; Paris, 4 novembre 1892; Trib. civ.
Versailles, 17 mars 1893 ; Paris, 3 juillet 1895).

## III

Le règlement d'atelier qui fixe le montant de l'indemnité n'empêche point l'ouvrier de demander au patron
une somme supérieure (Paris, 16 janvier 1883).

## IV

Le patron est tenu de faire indemniser par la Compagnie l'ouvrier blessé, même quand l'accident est arrivé par la faute de celui-ci (Aix, 27 janvier 1880 ; Trib. civ. Seine, 8 décembre 1880 ; Trib. civ. Dijon, 24 août 1881).

## V

La faute de l'ouvrier ne fait pas disparaître celle du patron (Poitiers, 13 février 1888 ; Orléans, 10 mai 1890).

## VI

L'indemnité contractuelle et l'indemnité légale (voy. page 51, note 1) ne peuvent être cumulées (Cass., 14 janvier 1890 ; Rennes, 8 mai 1894 ; Trib. civ. Seine, 8 juillet 1894).

Mais elles peuvent se compléter (Trib. civ. Toulouse, 1er juillet 1885 ; Trib. com. Seine, 29 décembre 1892).

## VII

Lorsqu'ayant actionné la Compagnie, il a obtenu l'indemnité fixée par la police collective, il peut actionner son patron en vertu des articles 1382 et suiv. du Code civil.

L'ouvrier qui, à la suite d'un accident ayant entraîné une incapacité de travail, a reçu de la Compagnie l'indemnité lui revenant conformément à la police d'assurance collective n'a pas perdu le droit d'assigner son patron devant le tribunal correctionnel (Paris, 7 décembre 1892).

Mais lorsque l'ouvrier sinistré a été entièrement indemnisé par le patron, en vertu de l'article 1382 du

Code. civil, il ne peut rien réclamer à la, Compagnie d'assurances, en vertu de la police collective (Nîmes, 23 mai 1883) : car l'accident ne peut être une occasion de bénéfice (Rennes, 8 mai 1894).

C'est pour cette raison que si le sinistré a été complètement indemnisé par la charité publique, il ne peut rien réclamer faute d'intérêt (Trib. civ. Seine, 13 mars 1886 ; Trib. com. Bruxelles, 29 janvier 1888).

## VIII

Quand la responsabilité ayant été déclarée partagée (voy. page 143, § XVIII), l'ouvrier sinistré n'a pas à recevoir du patron une somme égale à celle fixée par la police d'assurance collective, il peut réclamer la différence à la Compagnie (Trib. civ. Seine, 8 juillet 1884 ; Trib. civ. Nantes, 11 décembre 1894).

## IX

Le patron est responsable de l'accident arrivé à ses ouvriers lorsqu'il leur a commandé un travail dangereux (Paris, 15 mai 1851 ; Bordeaux, 12 août 1857 ; Cass., 28 août 1882 ; Paris, 7 novembre 1885 ; Lyon, 5 avril 1886) ;

Le patron est responsable de l'accident arrivé à un de ses ouvriers par la faute d'un camarade de celui-ci (Trib. civ. Seine, 22 novembre 1867) ;

Le patron est responsable de l'assassinat commis par un de ses ouvriers sur la personne d'un de ses camarades (Trib. civ. Seine, 5 juin 1889).

Le patron est responsable de l'accident qui est arrivé à un tiers en faisant le travail pour lequel son con-

cours avait été demandé par un employé du patron
(Dijon, 25 janvier 1893).

## X

Le patron n'est pas responsable de l'accident arrivé dans des lieux où l'ouvrier n'exerçait pas ses
fonctions (Caen, 1er juin 1880) ou pendant l'interruption du travail (Lyon, 8 avril 1886 ; Paris, 27 juillet
1886).

Le patron n'est pas responsable de l'accident provenant de l'emploi d'un outil défectueux, si l'ouvrier
connaissait l'insuffisance de l'outil et pouvait en prendre un autre (Paris, 19 janvier 1867).

Le patron n'est pas responsable de l'accident arrivé
à un ouvrier qui en travaillant seul à une opération qui
lui était familière a été blessé par suite du peu de précautions qu'il a pris, il n'a aucune indemnité à réclamer au patron (Trib. civ. Seine, 10 avril 1886).

Le patron n'est pas responsable des accidents survenus à l'ouvrier lorsqu'ils doivent être attribués aux
dangers virtuels inhérents à sa profession, si l'ouvrier
s'est exposé à ces dangers volontairement et en pleine
connaissance de cause, en ayant l'expérience du travail auquel il était employé et en se servant d'engins
d'un usage normal (Bourges, 5 juillet 1840 ; Dijon,
6 mars 1865 ; Trib. civ. Lyon, 7 novembre 1869 ; Trib.
civ. Seine, 17 janvier 1872).

Le patron n'est pas responsable si l'ouvrier a négligé de se servir des moyens de protection mis à son
service (Paris, 12 avril 1886).

## XI

Lorsqu'un accident arrive à un ouvrier par suite de son dévouement, la compagnie ne lui doit aucune indemnité (Trib. civ. Seine, 10 février 1886; Trib. civ. Marseille, 8 janvier 1887).

Il n'en est pas de même du patron, qui, dans ce cas, doit indemniser l'ouvrier (Lyon, 5 avril 1856 et 15 mars 1876; Cass., 10 juin 1882; Lyon, 5 avril 1885; Bordeaux, 2 août 1887); mais la responsabilité peut être déclarée partagée, voy. page 145, § XVIII; (Cass., 8 février 1875; Rouen, 17 mars 1880; Cass., 28 août 1882; Trib. civ. Seine, 10 juin 1886; Trib. civ. Marseille, 8 janvier 1887).

## XII

L'infirmité du sinistré ne dégage pas la compagnie si cette infirmité n'a pas été la cause de l'accident (Trib. com. Seine, 13 juillet 1887; Cass., 26 novembre 1894).

## XIII

Si le patron est insolvable, l'ouvrier peut actionner la compagnie pour avoir paiement de la somme stipulée dans la police individuelle (Cass., 23 juillet 1888; art. 1166, Code civ.); même s'il n'y a pas eu de retenue faite à l'ouvrier (Douai, 11 juillet 1895).

## XIV

Les héritiers du sinistré (ouvrier ou patron) n'ont aucun droit contre la compagnie, à l'exception de sa veuve, de ses enfants et de ses père et mère (Police A, art. 2, page 13; police D, art. 3, page 36; Trib. civ. Seine, 25 février 1886; Nancy, 6 avril 1886; Trib. civ. Pontarlier, 28 avril 1886).

Il en est de même des créanciers du sinistré (Trib. civ. Seine, 9 janvier 1879; Trib. civ. Beaume-les-Dames, 29 avril 1881).

Mais les héritiers de l'ouvrier ont une action contre le patron, responsable de l'accident, lorsque la mort de l'ouvrier lui a causé un préjudice (Cass., 20 février 1863; Aix, 24 juin 1870; Paris, 16 novembre 1871; Cass., 2 juin 1886; Besançon, 14 nov. 1888).

Si les héritiers n'établissent pas le préjudice à eux causé par la mort du sinistre, leur demande contre le patron n'est pas recevable (Trib. civ. Lyon, 6 avril 1886; Cass., 15 avril 1890).

## XV

Lorsque l'ouvrier sinistré a donné à la compagnie une quittance pour solde, il n'a plus aucun droit contre elle (Cass., 23 janvier 1882; Trib. civ. Corbeil, 8 mars 1882; Dijon, 27 mars 1882; Trib. civ. Corbeil, 31 janvier 1884; Trib. civ. Seine, 8 juillet 1884; Trib. civ. Lyon, 24 février 1884).

## XVI

L'ouvrier qui, en recevant une indemnité de la compagnie, a déchargé celle-ci et le patron n'a plus aucun recours contre ce dernier (Trib. civ. Lyon, 24 février 1886).

## XVII

La quittance donnée à la compagnie ne ferait pas obstacle à ce que le patron fût actionné si, en donnant la quittance, l'ouvrier ne connaissait pas la gravité de l'accident (Caen, 4 novembre 1892).

## XVIII

L'ouvrier qui, après avoir donné quittance pour solde à la compagnie, a repris son travail est mal fondé à intenter une action à son patron, s'il ne justifie pas que son état se soit aggravé (Paris, 12 novembre 1892).

## XIX

La quittance donnée pour solde au patron, ne fait pas obstacle à une nouvelle demande contre celui-ci lorsque, postérieurement à cette quittance, des complications, imprévues alors, se sont produites depuis (Paris, 7 juin 1894).

## XX

L'action de l'ouvrier contre le patron est non recevable lorsque l'ouvrier a renoncé à tout recours, sans fraude de la part du patron (Trib. civ. Saint-Étienne, 11 mai 1887).

Aux termes de l'article 2046 du Code civil, l'obligation de réparer le préjudice est susceptible de transaction. Rien ne s'oppose à ce que la transaction intervienne pour le préjudice éventuel. (Trib. civ. Seine, 19 avril 1893).

## XXI

La quittance donnée par l'ouvrier sinistré à son patron à la suite d'un jugement, ne permet pas à l'ouvrier d'actionner de nouveau son patron si l'ouvrier a été averti par un médecin de l'aggravation possible. (Trib. civ. Seine, 14 avril 1892).

## XXII

Les juges du fond sont souverains appréciateurs de la quotité des dommages-intérêts à allouer (Cass., 17 novembre 1824, 11 novembre 1839, 12 avril 1843 et 23 avril 1844).

## XXIII

Dans l'appréciation des dommages-intérêts, les juges doivent tenir compte, non seulement des frais faits en vue de la guérison de la victime de l'accident et de la privation de son travail pendant le traitement, mais encore de la privation du travail résultant de l'infirmité qui l'empêchera de vaquer, à l'avenir, à ses occupations habituelles (Bruxelles, 6 janvier 1820).

## XXIV

L'auteur de l'accident doit réparer, non seulement le préjudice matériel et pécuniaire, mais aussi le préjudice moral (Aix, 6 mai 1872).

## XXV

Le chiffre des dommages-intérêts à accorder à la

veuve et aux enfants de la victime d'un accident doit être basé, non seulement sur le préjudice matériel par eux éprouvé, mais encore sur le préjudice moral résultant de la perte du père de famille, des affections brisées et de la douleur, sans que, néanmoins, la somme soit hors de proportion avec la perte réelle, et appréciable à prix d'argent (Aix, 6 mai 1872).

## XXVI

Lorsqu'il y a un préjudice moral, les tribunaux doivent l'apprécier suivant les règles de l'équité (Rouen, 27 mai 1844).

# TABLE DES MATIÈRES

## CHAPITRE IV

## CHAPITRE V

## CHAPITRE VI

# TROISIÈME PARTIE

## Obligations de l'assuré.

### CHAPITRE I<sup>er</sup>

#### OBLIGATIONS DU PATRON.

### CHAPITRE II

#### OBLIGATIONS DES HÉRITIERS DU PATRON.

### CHAPITRE III

#### OBLIGATIONS DE L'OUVRIER.

---

# SIXIÈME PARTIE

## Obligations de la compagnie d'assurances.

### CHAPITRE UNIQUE

---

# APPENDICES

### APPENDICE Iᵉʳ

#### SIX TEXTES A LIRE.

### APPENDICE II

## APPENDICE III

## APPENDICE IV

## APPENDICE V

FIN DE LA TABLE.

www.ingramcontent.com/pod-product-compliance
Lightning Source LLC
Chambersburg PA
CBHW070753290326
41931CB00011BA/2002